JOGOS PARA AGUÇAR
A INTELIGÊNCIA

Dados Internacionais de Catalogação na Publicação (CIP)
(Câmara Brasileira do Livro, SP, Brasil)

Batllori, Jorge, 1962-
　　Jogos para aguçar a inteligência : 111 enigmas surpreendentes e muito divertidos / Jorge Batllori Aguilà ; tradução de Guilherme Summa. – Petrópolis, RJ : Vozes, 2014.

　　Título original : Juegos que agudizam el ingenio : 111 enigmas sorprendentes y muy divertidos
　　Bibliografia
　　ISBN 978-85-326-4761-0

　　1. Diversões 2. Enigmas 3. Jogos de inteligência 4. Memória 5. Raciocínio I. Título.

14-01292　　　　　　　　　　　　　　　CDD-793

Índices para catálogo sistemático:
1. Jogos de raciocínio : Recreação　　793

Jorge Batllori Aguilà

JOGOS PARA AGUÇAR A INTELIGÊNCIA

111 enigmas surpreendentes
e muito divertidos

TRADUÇÃO DE
Guilherme Summa

EDITORA
VOZES

Petrópolis

© Narcea, S.A. de ediciones, 2012.

Título original espanhol: *Juegos que agudizam el ingenio – 111 enigmas sorprendentes y muy divertidos*

Direitos de publicação em língua portuguesa – Brasil
2014, Editora Vozes Ltda.
Rua Frei Luís, 100
25689-900 Petrópolis, RJ
www.vozes.com.br
Brasil

Todos os direitos reservados. Nenhuma parte desta obra poderá ser reproduzida ou transmitida por qualquer forma e/ou quaisquer meios (eletrônico ou mecânico, incluindo fotocópia e gravação) ou arquivada em qualquer sistema ou banco de dados sem permissão escrita da editora.

Diretor editorial
Frei Antônio Moser

Editores
Aline dos Santos Carneiro
José Maria da Silva
Lídio Peretti
Marilac Loraine Oleniki

Secretário executivo
João Batista Kreuch

Editoração: Gleisse Dias dos Reis Chies
Diagramação: Victor Mauricio Bello
Capa: Renan Rivero

ISBN 978-85-326-4761-0 (edição brasileira)
ISBN 978-84-277-1816-6 (edição espanhola)

Editado conforme o novo acordo ortográfico.

Este livro foi composto e impresso pela Editora Vozes Ltda.

Agradecimentos

Quero agradecer de uma forma muito especial à equipe do programa El Suplement da Catalunya Ràdio por ter me proporcionado a oportunidade de colaborar com eles durante duas temporadas completas com os *Jocs Mentals* (jogos mentais), já que, para mim, essa experiência radiofônica, além de muito gratificante, foi também especialmente enriquecedora do ponto de vista profissional, pois me possibilitou estar em contato com muitos cidadãos anônimos dispostos a aceitar e tentar acertar meus desafios semanais, e graças a todos eles, aprendi e aproveitei muito.

Jamais me esquecerei dos dois extraordinários anos que passei com Núria Ferré, Irene Blay, Quim Bonet, Mireia Dalmau, Pilar de Pedro, Ana Ayala, Mònica Muñoz, Mercé Rigual e José Luís Santiso, além dos numerosos e dedicados colaboradores do programa. E tampouco me esquecerei da entusiasmada participação do público anônimo. A todos, muito obrigado.

Sumário

INTRODUÇÃO, 11
Por que jogos de raciocínio? As capacidades cognitivas. Tipos de jogos. Como resolver os problemas propostos pelos jogos. Algumas estratégias. Como usar este livro. Uma última observação.

I. JOGOS DE CÁLCULO MATEMÁTICO E INTELIGÊNCIA NUMÉRICA, 21
Como trabalhar com os jogos de cálculo matemático e inteligência numérica. Procedimentos, conceitos e atitudes.

1. Exatamente 25
2. Aumento e redução 26
3. O enigma de Diofanto 27
4. A tijolada 28
5. Os barris 29
6. Os brincos 30
7. As frutas do prefeito 31
8. Idades 32
9. Meus livros 33
10. O jantar 34
11. O relógio de cuco 35
12. Pai e filho 36
13. As gralhas 37
14. O arqueiro 38
15. O monstro dos biscoitos 39
16. Fevereiros 40
17. Em busca do real perdido 41
18. A piscina 42
19. O terrário 43
20. O pai da criatura 44

II. JOGOS DE CAPACIDADE E RACIOCÍNIO LÓGICOS E AGILIDADE MENTAL, 45
Como trabalhar com os jogos de capacidade e raciocínio lógicos e agilidade mental. Procedimentos, conceitos e atitudes.

21. As velas 49
22. Sudoku com símbolos 50
23. Minissudoku de 5 52
24. Sequestro inteligente 53
25. Duelo a três 54
26. Inimizade 55
27. Quem venceu a aposta? 56
28. As idades dos amigos 57
29. Parentesco confuso 58
30. Intriga no Natal 59
31. Os quatro amigos 60
32. Procurando o culpado 61
33. Um dia complicado 62
34. As notas da prova 63

35. Meu aniversário 64	38. Confusão de cartas 68
36. Às compras 65	39. Um caso real 70
37. Não fui eu 67	40. No parque 72

III. JOGOS DE ESTRATÉGIA E PACIÊNCIA, 73
Como trabalhar com os jogos de estratégia e paciência. Procedimentos, conceitos e atitudes.

41. O muro 77	49. A família e o gatinho 88
42. Quinze 78	50. O carteiro 89
43. Quadrado mágico 79	51. Gafanhoto 91
44. Sabe quem é? 81	52. Números inimigos 93
45. Minha amiga Sonia 83	53. O movimento do cavalo 95
46. Um litro 85	54. Barometria 96
47. Os quatro pontos 86	55. Impossível? 97
48. Os nove pontos 87	

IV. JOGOS DE MEMÓRIA E OBSERVAÇÃO, 99
Como trabalhar com os jogos de memória e observação. Procedimentos, conceitos e atitudes.

56. Quadrados 104	64. Embaralhado 114
57. Quadrado nada mágico 105	65. Reconstrução 115
58. O dado 106	66. Placas de carro 116
59. Casas repetidas 107	67. O espelho 118
60. Labirinto de letras 108	68. O furo 119
61. As setas 110	69. Pistas fragmentadas 120
62. Séries de figuras 111	70. Cascata de moedas 121
63. O hamster e a serpente 112	

V. JOGOS DE INTELIGÊNCIA E RACIOCÍNIO VERBAIS E DE COMUNICAÇÃO, 123
Como trabalhar com os jogos de inteligência e raciocínio verbais e de comunicação. Procedimentos, conceitos e atitudes.

71. Palavras bagunçadas 128	73. Sanduíche de palavras 130
72. Texto amontoado 129	74. Ditado picadinho 131

75. Ditados com lacunas 132
76. Ditados populares 133
77. Trava-línguas para todos 134
78. O que é o que é? 135
79. Anagramas 136
80. Tirando de letra 137
81. Complete a frase 138
82. Seis menos três 139
83. Jogo do dicionário 140
84. Mutações 141
85. Cidades famosas 142
86. Vogal proibida 143
87. Palavras intermináveis 144
88. O radar 145
89. É proibido 146
90. Contograma 147

VI. JOGOS MENTAIS E ENIGMAS, 149
Como trabalhar com os jogos mentais e enigmas.

91. A bicicleta da Irene 152
92. Mudança de horário 153
93. Filho caçula 154
94. As vacas do meu tio 155
95. Trabalhando com números 156
96. Limonada aguada 157
97. Os velhos tempos de escola ... 158
98. Treinamento olímpico 159
99. Um montão de moedas 160
100. Iluminação pública 161
101. O bolo do feriado nacional ... 162
102. Pau Gasol no Eurobasket 163
103. O pobre banqueiro se aposenta 164
104. O enigma de Mercè 166
105. A aposta de Núria 167
106. O aniversário de Rosa 168
107. Cruzeiro pelo Mediterrâneo ... 169
108. Presta atenção! 170
109. Barcelona está em obras 171
110. Os salários dos jogadores de futebol 172
111. Gonzalo dá uma de canguru 173

Introdução

Em 2000, pela primeira vez, a Editora Narcea, da Espanha, lançou, com enorme sucesso, o livro *Juegos para entrenar el cerebro*, pioneiro em sua categoria e, até a data desta publicação, contando já com cinco edições espanholas e várias norte-americanas, tendo sido traduzido também em Portugal e no Brasil.

Passados mais de dez anos, não apenas não se esgotou o interesse pelos jogos de raciocínio como a demanda por eles aumentou. Incentivado por amigos que se dedicam ao ensino e também pela editora, reservei um tempo para escrever esta segunda parte, atualizando os conceitos e incorporando a experiência adquirida ao longo dos anos em que publiquei vários outros trabalhos relacionados ao tema, e também desenvolvi o jogo *Mobile brain trainer* para telefones celulares pela empresa espanhola Kitmaker.

Colaborei também para uma emissora de rádio de grande difusão da região da Catalunha, onde todo fim de semana colocávamos à prova os ouvintes com jogos mentais, com um enorme sucesso de audiência e participação. Tudo isso me permitiu acumular uma experiência que quero reproduzir neste livro para que sirva a outras pessoas.

Por que jogos de raciocínio?

De acordo com especialistas, o jogo é um grande aliado, para não dizer o melhor, do desenvolvimento cognitivo das crianças. É imprescindível para o amadurecimento das estruturas mentais, que incluem processos como percepção, memória, atenção, domínio da linguagem ou a estruturação do pensamento.

O jogo foi, é e sempre será uma das ferramentas mais eficientes para promover o aprendizado e construir o conhecimento graças à sua capacidade de simular a realidade, oferecendo um cenário seguro para cometer erros e aprender com eles na prática.

Se jogar é algo divertido por si só e pensar é algo que faz muito bem para exercitar nosso cérebro, nada melhor do que realizar ambas as atividades de uma só vez!

E existem muitas formas de jogar, mantendo nossa mente alerta, em busca de respostas para os problemas e soluções engenhosas, deparando-nos com situações incomuns que requerem destreza mental para obter êxito etc.

As crianças e os jovens gostam mais de pensar e adivinhar do que imaginamos, e se soubermos propor-lhes problemas como autênticos jogos e desafios, com um pouquinho de graça e ousadia, alcançaremos os resultados sempre almejados: diversão e aprendizagem. Por meio dos jogos que oferecemos neste livro, eles aprenderão a pensar e a deduzir, e observaremos, com satisfação, que podemos apresentar-lhes problemas com grau de dificuldade crescente, depois do pontapé inicial dos primeiros exercícios.

Temos de saber apresentar os problemas como um jogo ou um passatempo, o que não deixam de ser na verdade, e dotá-los de um componente lúdico que, embora não essencial, é sempre aconselhável. De vez em quando faz bem intercalar problemas criativos ou com "pegadinhas", que sempre divertem, podem ser repetidos para os amigos, exercitando também a memória.

Jogar é um assunto muito sério. Jogando, concentramo-nos em pôr em prática todas as nossas aptidões e recursos para alcançar um objetivo definido, e nos dedicamos ao máximo. No jogo manifestamos nosso afã por conquista, por superação, que são os fundamentos da própria confiança. Aprendemos a reconhecer nossos limites e habilidades em um espaço pessoal no qual dispomos de uma margem de erro que em outras atividades não nos seria permitida, o que nos possibilita desenvolver nossa autoimagem e nossa autoestima.

Jogar também requer um esforço nada desprezível. No jogo, o êxito, sem esforço, não produz o prazer desejado. E o jogo sem prazer deixa de ser atraente. Uma partida "entregue" pelo adversário não tem o mesmo gosto daquela vencida com esforço. Para conseguir o resultado desejado, necessitamos de concentração, perseverança, paciência e assim por diante. Portanto, jogar pressupõe aceitar e superar desafios, ou seja, aprender, e isso só se alcança com certo grau de esforço, maior ou menor de acordo com cada um.

No jogo, o prazer e o esforço são duas faces de uma mesma moeda que nos permitem novas abordagens e experimentações na solução de problemas, coisa que dificilmente podemos realizar na vida real.

As capacidades cognitivas

Agora, analisaremos brevemente como estão estruturadas e sequenciadas nossas capacidades cognitivas em vários níveis: capacidade de compreensão, capacidade crítica, capacidade criativa e capacidade complexa.

- *Capacidade de compreensão.* É o que podemos chamar também de pensamento compreensivo, que nada mais é do que entender corretamente a informação que se recebe e que inclui processos mentais tão variados como comparar, classificar, analisar e sintetizar, sequenciar e descobrir as razões ou o porquê das coisas. A capacidade de compreensão sozinha já possui importância suficiente para que seja interessante trabalhá-la por si só. De fato, ela intervém na primeira fase da solução de qualquer jogo de raciocínio, já que sem uma compreensão correta e completa da informação recebida é simplesmente impossível resolver qualquer problema, por mais fácil que seja.
- *Capacidade crítica.* Serve para analisar a informação e para investigar a confiabilidade das fontes de tal informação; interpretar as causas e prever os efeitos. Assim, para se resolver um problema, depois de entendida a informação recebida, deve-se analisá-la, checar se as fontes são confiáveis e só então começar a trabalhar. Isso é o que nos possibilita a capacidade crítica.
- *Capacidade criativa.* Permite-nos gerar informação (pensamento criativo): ter ideias, estabelecer relações, produzir imagens, criar metáforas, empreender novas metas, e assim por diante. Esse tipo de capacidade nem sempre se faz necessária nos jogos de raciocínio, mas, quando é o caso, constitui um passo fundamental na solução dos mesmos.
- *Capacidade complexa.* Compreende todas as anteriores e abrange a tomada de decisões e a resolução completa dos problemas, e a ela nos referimos constantemente nestas páginas. Podemos dizer que a capacidade complexa engloba todo o processo da resolução de um jogo de raciocínio, desde a assimilação correta da informação mais ou menos encriptada do enunciado, até a abordagem ou estratégia para resolvê-lo, sua solução e a posterior, e sempre necessária, comprovação do resultado.

Tipos de jogos

Os jogos que aparecem neste livro estão agrupados, segundo suas características, em seis seções:

I. Jogos de cálculo matemático e inteligência numérica.
II. Jogos de capacidade e raciocínio lógicos e agilidade mental.
III. Jogos de estratégia e paciência.
IV. Jogos de memória e observação.
V. Jogos de inteligência e raciocínio verbais e de comunicação.
VI. Jogos de raciocínio e enigmas.

De cada uma dessas seções, incluindo a VI, que compreende alguns dos jogos que apresentei na época aos ouvintes de um conhecido programa radiofônico, falarei detalhadamente no início de cada uma delas, em uma breve introdução. Explicarei as características dos jogos que proponho, bem como os procedimentos, conceitos, propostas etc. desenvolvidos pelos jogos.

Como resolver os problemas propostos pelos jogos

Ao se tentar resolver um problema como os que aparecem nesta obra, corre-se o risco de cometer três tipos de erros importantes que precisam ser evitados desde o começo e quanto aos quais devemos estar atentos:

✓ Pensar que se pede algo que na verdade não está sendo pedido.
✓ Não se dar conta de alguma informação vital fornecida.
✓ Acreditar que se leu algo no enunciado que na verdade não foi dito.

Também é bom ressaltar que, ao se resolver um problema, é muito importante que o leitor utilize os conhecimentos prévios que possui, ainda que não tenham nada a ver com o enunciado. Desse modo, consegue-se relacionar e aplicar todos os campos do saber e conhecimentos do indivíduo.

Para se ter certeza de que tanto o problema como sua respectiva solução foram entendidos, não existe melhor forma do que explicar passo a passo e detalhadamente a outra pessoa como o resolvemos.

Algumas estratégias

A seguir, apresentamos algumas das várias estratégias que devem ser seguidas para a resolução de problemas. São elas:

- Leia com atenção e vagarosamente o enunciado concentrando-se em todos os detalhes. Não se precipite e assegure-se de que entendeu o que foi pedido.
- Tome nota sobre o mais importante do que for lendo, fazendo algum desenho ou esquema que ajude a visualizar o problema, desenvolvendo assim um bom sistema de registro.
- Trabalhe do modo mais sistemático possível, buscando informação adicional que ajude a compreender o problema e/ou a resolvê-lo, quando for necessário.
- Uma vez compreendido o exercício, busque por experiências similares que tenha tido anteriormente, já que podem ajudar a encontrar a solução ou o caminho para chegar a esta.
- Cada exercício é um desafio. A maneira de enfrentá-lo é importante. Por isso, convém adotar uma atitude positiva e não "jogar a toalha" de imediato.
- Aplicar o método de tentativa e erro: experimente, escreva, risque, apague, reescreva, mesmo que cometa erros. Eles estimulam a aprendizagem, pois nos trazem experiência.
- Use a imaginação, a criatividade, o bom-senso e o raciocínio, um pouco de tudo. Atreva-se a experimentar diferentes formas de chegar à solução, por mais estranhas ou incomuns que possam parecer.
- Deixe que as ideias fluam; às vezes, é um bom método para se alcançar o resultado. Nem todas as ideias serão boas, entretanto, certamente haverá alguma útil entre elas.
- Se possível, busque encontrar a solução por meio da reflexão.
- Se não encontrar o resultado de primeira, não desanime nem abandone o exercício. Perseverança, tenacidade e paciência são virtudes muito positivas na abordagem ou análise de um problema. O esforço ajuda a reconhecer nossos pontos fortes, a acreditar em nossas possibilidades e em nosso rendimento futuro.
- Se for conveniente, pode-se deixar o problema "descansar" e retomá-lo mais tarde.
- Deve-se encarar a dificuldade como uma grande oportunidade de aprendizagem. Pense que muitas vezes é mais importante o caminho percorrido até o resultado do que o resultado em si.

- Procure enxergar o problema sob diferentes ângulos e, além disso, uma vez encontrada a solução, encontre outros caminhos para chegar à mesma solução.
- Um passo fundamental e muitas vezes negligenciado consiste simplesmente em se verificar se a solução condiz com o enunciado do problema.
- E, por fim, tente explicar o que foi feito de modo que qualquer pessoa possa compreender. Só assim se obtém a certeza da total compreensão do problema.

Como disse Bertrand Russell: "Para que repetir os erros antigos se há tantos erros novos a cometer?" Essa frase reflete a frequência com que muitos tentam resolver problemas repetindo erros que já foram cometidos, inclusive até por eles mesmos. Lembre-se que é sempre possível, além de necessário, aprender com nossos próprios erros e com os dos outros.

Um bom exemplo de erro ao formular um problema (neste caso, uma pergunta) é o episódio a seguir.

No Curso de Medicina, o austero professor dirige-se ao aluno e pergunta:
– Quantos rins nós temos?
– Quatro – responde o aluno sem titubear.
– Quatro!? – replica o arrogante professor, debochando da resposta.
– Tragam um fardo de feno, pois temos um burro na sala – ordena o professor a um dos seus assistentes.
– E para mim, um cafezinho! – diz rápido o aluno.

Furioso, o professor expulsa o aluno da sala. O aluno, que não era outro senão o humorista Aparício Torelly, mais conhecido como Barão de Itararé (1895-1971), ao sair da sala ainda tem a audácia de corrigir o irritado mestre:
– O senhor me perguntou quantos rins "nós temos". Pois insisto que "nós temos" quatro. Dois meus e dois seus. Portanto, tenha um bom apetite e delicie-se com o seu fardo de feno.

Há erros de alunos que poderíamos dizer que são esperados, consequência da inexperiência em temas novos, da impaciência, da confusão e da falta de atenção e de esforço de estudantes de todos os graus.

Muitas vezes damos uma resposta precipitada, baseada no que julgamos ter entendido, sem antes comprová-la. Damos algumas respostas de maneira automática, sem realmente refletirmos sobre o enunciado, pois pensamos que já o compreendemos. Mas pode não ser esse o caso.

Einstein afirmava que "quem nunca cometeu um erro, nunca tentou algo novo". Certamente, todos nós já cometemos erros – e continuamos a cometê-los –, mas não é por isso que devemos renunciar ao conhecimento nem à aprendizagem, já que, como disse Rabindranath Tagore, "Se você fecha a porta para todos os erros, a verdade fica lá fora".

De fato, não é necessário ser um matemático para solucionar problemas, basta ter atenção e usar a cabeça.

Por isso, antes de resolvermos um problema, devemos abrir nossa mente, pensar sob outro prisma, enxergar além do óbvio; raciocinar de forma não convencional, para nos aproximarmos do pensamento criativo e extrairmos o máximo de nossa capacidade mental.

Uma vez superados os obstáculos, o simples fato de resolver um problema corretamente é muito satisfatório e instigante. Passa-se de um momento de incerteza à habilidade. Essa sensação, além de ser altamente gratificante, é bastante estimulante para o cérebro.

Levando-se em conta que alguns erros cometidos anteriormente podem nos conduzir mais tarde à resolução correta de outros problemas, não devemos lhes atribuir demasiada importância. Em vez disso, o melhor é manter uma atitude positiva e tratar de aprender com eles.

Como usar este livro

Os jogos foram concebidos para meninos e meninas a partir dos 12-13 anos, embora os adultos que desejem manter a mente jovem também possam solucioná-los e divertir-se com eles. Para resolver os 111 jogos a seguir bastam conhecimentos matemáticos básicos e um pouco de lógica, organização e atenção.

Em cada um dos jogos, além de uma breve explicação inicial do que se trata, bem como do *enunciado*, são indicados: o *material* necessário, o *grau de dificuldade*, os *objetivos* que podemos alcançar, uma *dica*, a *solução* completa, possíveis *variações*, a *chave* do desafio e, às vezes, uma *anedota* ou *curiosidade* relacionada com ele.

- Quanto ao *material*, na maior parte dos casos qualquer sala de aula normalmente dispõe do que é necessário.

- O *grau de dificuldade* de um problema é algo muito relativo, já que, enquanto não estão resolvidos, todos os problemas são difíceis e, depois de resolvidos, todos os problemas nos parecerão mais ou menos fáceis. O grau de dificuldade que apontamos serve apenas como orientação.
- Para cada jogo indicam-se três *objetivos didáticos ou pedagógicos* que podem ser alcançados com ele, embora, sem dúvida alguma, existam muitos outros deixados de fora.
- O *enunciado* do jogo costuma ser breve e conciso, porém, sempre podemos adaptá-lo a nosso gosto para torná-lo mais atraente, procurando não variar os dados para não alterar seu resultado final. Se alterarmos os dados, devemos então buscar a nova solução para evitarmos surpresas desagradáveis.

Um conhecido exemplo de um problema mal-apresentado é aquele em que, em uma prova de matemática, uma professora pediu a um aluno de 13 anos que desenhasse um trapézio, e foi exatamente o que ele fez: desenhou um trapézio de circo com trapezista e tudo.

Se procurarmos apresentar problemas que poderíamos chamar de "familiares" – com temas atuais ou sobre lugares conhecidos –, eles serão mais atraentes e a busca por sua resolução irá despertar maior interesse entre os alunos. Devemos sempre adaptar os jogos que utilizarmos às necessidades, conhecimentos e experiência de nossos alunos.

- Depois de cada enunciado é fornecida uma *dica*, que pode ou não ser utilizada. Ela serve para "dar uma luz" para se chegar à solução.
- A *solução* é explicada com detalhes, passo a passo. Deve ser sempre conferida após a resolução do problema, para verificarmos se não cometemos algum erro ou caímos em uma armadilha.
- Depois que a solução é apresentada, às vezes são propostas possíveis *variações* para o jogo e é explicada também a *chave* do problema, seu ponto nevrálgico, o fio condutor para se chegar à resposta correta.
- Por fim, alguns dos jogos – principalmente os do último capítulo – contêm uma *anedota* ou *curiosidade*, que geralmente

se refere a erros cometidos por alguém em sua resolução. Desse modo, podemos comprovar o que observou o escritor norte-americano Tom Clancy: "A diferença entre ficção e realidade é que ficção tem que fazer sentido".

E, por último, lembremo-nos do que disse o próprio Napoleão Bonaparte: "Nunca interrompa seu inimigo quando ele estiver cometendo um erro". O que, se o leitor me permite, eu traduziria livremente da seguinte forma: "Deixemos que os alunos descubram por si sós o caminho até a solução, já que, muitas vezes, tão importante quanto o destino é o caminho percorrido; aliás, aprenderão mais se equivocando do que chegando à resposta de primeira".

Uma última observação

Não queria terminar sem lembrar algo que todos nós já sabemos: o jogo de raciocínio é mais um instrumento de aprendizagem tão válido e útil quanto os demais e os alunos só têm a ganhar se "comerem de tudo um pouco".

"Na quinta-feira, depois de ter resolvido um problema que um aluno trouxera a meu escritório – um erro na nota –, começamos a conversar sobre suas outras matérias. Xavier – esse é o seu nome – está cursando o básico, que é um ano crucial no ensino universitário. Estava muito feliz porque, entre outras coisas, havia passado em *Matemática*. Não esperava por isso por várias razões: não fizera cursinho pré-vestibular, não possuía uma boa base para acompanhar as explicações e, apesar de ter um bom professor, "não entendia patavina"; além disso, tirou zero em sua primeira avaliação. No exame final, entretanto, dentre mais de cinquenta alunos, pouco mais de dez foram aprovados, sendo que Xavier foi um deles.

Perguntei-lhe: "Como conseguiu isso?" Ele se surpreendeu e me encarou com estranheza – talvez para confirmar se eu estava perguntando a sério. Então, respondeu-me: "Estudando".

De fato, o aluno ensinou-me uma grande lição. A mais básica. Aquela que, a meu ver, nós, os professores, parecemos ter perdido de vista diante de tantas novidades, tantas teorias novas, tanta mudança de enfoque, tantas novas tecnologias, tantas novas necessidades e de tanta discussão sobre novos perfis de estudantes: que eles, os alunos, para aprender, têm de estudar. Isso não é nenhum segredo. Para ser aprovado, é preciso estudar. Quanto? O necessário. Se pouco não for suficiente, estude mais; e, se muito também não for suficiente, estude ainda mais.

Essa não é a principal mensagem que passamos aos alunos, mas deveria ser. Sem dúvida alguma é a mais útil. É a que mais custam a aceitar, a que lhes parece mais difícil. Para a maioria, apesar de passar tantos anos no sistema educacional e de haver progredido nele, falta o hábito, a prática e o costume de fazê-lo"[1].

Pois todos nós sabemos que, sem dúvida alguma, o segredo do sucesso em qualquer aspecto da existência reside no trabalho duro, apesar de que alguns alunos gostariam de complementar a frase com "embora eu queira evitá-lo..."

Com estes jogos podemos ensinar-lhes a raciocinar de um modo divertido, com menos esforço e de maneira mais abrangente, a fim de que adquiram capacidades, habilidades, conhecimentos e atitudes que de outra forma lhes seriam mais custosas de alcançar.

---

[1] MIRET, C.S. "Estudiando". *La Vanguardia*, 28/03/2010.

Jogos de Cálculo Matemático e Inteligência Numérica

Como trabalhar com os jogos de cálculo matemático e inteligência numérica

Infelizmente para nós, a matemática está à nossa volta, embora às vezes não estejamos cientes disso. Basta apenas nos lembrarmos de quantos números devemos memorizar: desde as senhas de nossas contas bancárias e telefones, até tamanhos de roupas e endereços, os preços ao sairmos às compras ou notas de provas.

E, para a nossa desgraça, quando se menciona a palavra matemática, ela é rapidamente associada à tabuada, páginas repletas de operações de adição, subtração, multiplicação e divisão, uma infinidade de algarismos que parecem ter sido inventados com a única finalidade de torturar nossas mentes.

Entretanto, não deveria ser maluquice pensar que quase todo mundo pode se divertir com a matemática. Durante anos, acreditou-se que apenas uns poucos esquistões eram atraídos por essa área da ciência, enquanto os demais mortais haviam nascido somente para penar com ela, especialmente durante os tempos de escola.

Assim, para a maioria dos indivíduos, os matemáticos formam uma espécie de raça à parte constituída de pessoas muito organizadas, sérias, concentradas, estranhas e difíceis de entender. E, embora seja verdade que algumas dessas características são necessárias em maior ou menor grau na formação de um bom matemático, nem por isso elas são incompatíveis com outras, como o senso de humor e o desejo de se divertir com o próprio trabalho, para dar um exemplo que nos possa parecer extremo. Além disso, são muito poucas as pessoas que sabem que a matemática de hoje estimula mais o "pensar" do que a utilização de operações complicadas e repetitivas.

Muitas vezes, basta apenas compreender o que se está fazendo para tomar gosto pela coisa. E os jogos constituem uma excelente maneira de se conseguir isso.

Alguns dos jogos a seguir podem ser usados para desmistificar a matemática, familiarizar-se com ela e fazer com que nossos alunos apreciem o fantástico mundo de possibilidades descortinado por ela.

Procedimentos, conceitos e atitudes

Os jogos de cálculo matemático e inteligência numérica podem nos ajudar a trabalhar alguns dos seguintes procedimentos, conceitos e atitudes:

- Escolher elementos que satisfaçam uma determinada propriedade em um conjunto de objetos.
- Resolver um problema por meio de tentativas.
- Buscar, por meio de repetidas tentativas, valores que se aproximem melhor do resultado.
- Usar corretamente unidades.
- Realizar cálculos precisos e aproximados, mentalmente e por escrito.
- Comprovar a validez dos resultados encontrados contrastando-os com a situação de partida.
- Abordar situações problemáticas empregando e resolvendo equações.
- Aplicar e calcular expressões numéricas e algébricas em problemas concretos.
- Classificar os dados apresentando-os e tratando-os de forma organizada e clara.
- Ler e entender a situação apresentada.
- Traduzir o enunciado para a linguagem matemática (abordagem).
- Reduzir problemas complexos a outros, mais simples, que facilitem sua compreensão e resolução.
- Fornecer uma explicação final, clara e contundente, sobre o processo e as conclusões obtidas.
- Escolher adequadamente o método mais conveniente para resolver um determinado problema, mentalmente ou por escrito.
- Obter e selecionar a informação, e tratá-la de forma independente e crítica.
- Distinguir a informação útil ou pertinente da não pertinente para a resolução do problema.
- Assumir uma atitude crítica diante da informação que se recebe.
- Descobrir um método que permita chegar à solução.
- Elaborar um modelo claro e preciso para a coleta de dados.

- Comprovar a real viabilidade das soluções, dado o contexto da situação apresentada.
- Comprovar e discutir os resultados obtidos.
- Revisar, se necessário, os cálculos realizados, a abordagem adotada e os métodos utilizados.
- Identificar problemas e elaborar estratégias para resolvê-los mediante processos intuitivos e de raciocínio lógico.
- Aplicar métodos indutivos e dedutivos.
- Distinguir entre o que se conhece (dados) e o que se desconhece (incógnitas).
- Encontrar relações entre os dados obtidos.

E, por fim, lembremo-nos de que, às vezes, tão importante quanto nosso objetivo é o caminho percorrido para alcançá-lo; que devemos aprender a desfrutar do percurso; e, ainda, que podemos chegar a um mesmo lugar por meio de várias rotas, todas elas válidas.

1. | Exatamente

A Matemática exige precisão e exatidão. É justamente isso que buscaremos agora com este jogo de cálculo, no qual não temos de encontrar os números, e sim, as operações que são necessárias realizar para se chegar ao resultado.

Material: Papel e lápis.

Dificuldade: Baixa.

Objetivos:
→ Escolher elementos que satisfaçam uma determinada propriedade em um conjunto de objetos.
→ Resolver um problema por meio de tentativas.
→ Buscar, por meio de repetidas tentativas, valores que se aproximem melhor do resultado.

O JOGO

Insira os sinais matemáticos adequados para que as seguintes igualdades fiquem corretas:

$$7 \quad 8 \quad 20 \quad 32 = 44$$
$$8 \quad 2 \quad 12 \quad 9 = 39$$
$$6 \quad 7 \quad 15 \quad 13 = 44$$

Solução:

$7 \times 8 + 20 - 32 = 44$
$8 / 2 \times 12 - 9 = 39$
$6 \times 7 + 15 - 13 = 44$

A chave: Procurar pacientemente pela solução realizando tentativas, com aproximações, já que dificilmente acertaremos de primeira.

2. | Aumento e redução

Estamos acostumados a trabalhar com números inteiros, por isso, quando lidamos com porcentagens não é raro cometermos erros feios, que convém evitar. Este jogo simples funciona como entretenimento para driblar tais enganos, que vemos até mesmo entre estudantes dos últimos anos da universidade de cursos de áreas científicas.

Material: Papel e lápis.
Dificuldade: Média/Baixa.
Objetivos:
→ Usar corretamente as unidades.
→ Realizar cálculos precisos e aproximados, mentalmente e por escrito.
→ Comprovar a validez dos resultados encontrados, contrastando-os com a situação de partida.

O JOGO

Maria e Sara são irmãs e começaram a trabalhar como vendedoras em uma empresa, recebendo salários equivalentes. Um ano depois, como Sara havia vendido muito, recebeu um aumento de 10%, enquanto que Maria sofreu uma redução de 10% em seu salário por ter vendido pouco.

No ano seguinte, a situação se inverteu e foi Maria quem vendeu muito, recebendo, portanto, um aumento de 10%, ao passo que Sara, que havia vendido pouco, viu seu salário reduzir 10%.

- Atualmente, qual das duas irmãs recebe o maior salário? Elas estão ganhando mais, menos ou a mesma quantia do que quando começaram a trabalhar?

Solução: Para simplificar, suponhamos que cada uma ganhava 1.000 reais quando começou a trabalhar.
Depois do primeiro ano, Sara passou a ganhar 1.000 + 100 = 1.100 reais, enquanto que Maria passou a receber 1.000 − 100 = 900 reais. Para fazer os cálculos do ano seguinte, temos de partir do salário do ano anterior, então, Sara está ganhando 1.100 − 110 = 990 reais, ao passo que o salário de Maria é 900 + 90 = 990 reais. Ambas recebem o mesmo salário, entretanto, não é o mesmo valor do salário inicial que recebiam, mas 1% menos do que quando começaram a trabalhar na empresa.

A chave: Atribuir um valor qualquer ao salário inicial e efetuar os cálculos com atenção, porque as porcentagens são muito traiçoeiras.

3. | O enigma de Diofanto

Eis um jogo clássico sobre a vida de Diofanto de Alexandria (século III AEC), autor do livro *Aritmética*. É considerado o pai da Álgebra, pois em sua obra expõe problemas que envolvem noções equivalentes às equações de primeiro e segundo graus, bem como aos sistemas de equações.

Material: Papel e lápis.
Dificuldade: Média.
Objetivos: → Abordar situações problemáticas empregando e resolvendo equações.
→ Aplicar e calcular expressões numéricas e algébricas em problemas concretos.
→ Classificar os dados, apresentando-os e tratando-os de forma organizada e clara.

O JOGO

Dizem que Diofanto inventou a Álgebra. Como acontece com todos os seres humanos, um dia ele exalou seu último suspiro. Mas, antes de partir, pediu que gravassem em sua lápide o seguinte:

"Aqui jaz Diofanto, que passou um sexto da vida como criança e um doze avos dela como adolescente. Depois da adolescência, viveu mais um sétimo de sua vida até se casar. Cinco anos depois do casamento, teve um filho, que faleceu com metade da idade que ele próprio tinha quando chegou sua hora. Ele sobreviveu ao filho ainda quatro anos".

- Quantos anos viveu Diofanto? Com que idade se casou?

Solução: $x = x/6 + x/12 + x/7 + 5 + x/2 + 4$

Infância = $x/6$; adolescência = $x/12$; casamento = $x/7$; nascimento do filho = $x/7 + 5$; morte do filho = $x/2$; Diofanto sobreviveu ao filho = 4 anos. Então, temos $x = 14 + 7 + 12 + 5 + 42 + 4 = 84$. Portanto, Diofanto viveu 84 anos e se casou com 33.

A chave: Aplicar corretamente a equação, passo a passo.

4. | A tijolada

Em uma sociedade em que as coisas acontecem cada vez mais rápido, convém fazer uma pausa de vez em quando. Este jogo nos convida a isso, pois sua correta compreensão é fundamental, já que seu enunciado, bastante curto, brinca com as palavras para nos desorientar.

Material: Papel e lápis.
Dificuldade: Média/Baixa.
Objetivos:
→ Ler e entender a situação apresentada.
→ Traduzir o enunciado para a linguagem matemática (abordagem).
→ Abordar situações problemáticas empregando e resolvendo equações.

O JOGO

Ao lado da minha casa estão construindo um arranha-céu de 37 andares. O mestre de obras, observando-me tão absorto contemplando os trabalhos, perguntou-me:

"Se um tijolo pesa 2 quilos a mais do que meio tijolo, quanto pesa um tijolo e meio?"

- Ainda estou pensando. Pode me ajudar?

Solução: O tijolo pesa 2 + 2 = 4 quilos, portanto, um tijolo e meio pesa 4 + 2 = 6 quilos.

A chave: Ler com calma o enunciado para compreendê-lo bem e não se deixar confundir pelo jogo de palavras.

5. | Os barris

Nem todos os problemas são resolvidos com equações ou regras de três. Às vezes, o método de tentativa e erro pode ser útil ou necessário. Isso requer paciência, que é uma virtude muito valiosa e indispensável para qualquer estudante ou profissional.

Material: Papel e lápis.

Dificuldade: Média.

Objetivos:
→ Resolver problemas por meio de tentativas.
→ Buscar, por meio de repetidas tentativas, valores que se aproximem melhor do resultado.
→ Comprovar a validez dos resultados encontrados contrastando-os com a situação de partida.

O JOGO

Na minha cidade fabricam um bom vinho. Ontem, fui até a vinícola e vi que eles tinham seis barris, todos diferentes, contendo 15, 16, 18, 19, 20 e 31 litros de vinho cada um.

Comprei 2 barris e meu irmão Alberto, 3.

- Se eu comprei a metade de litros de vinho de meu irmão, de quantos litros era o único barril que não levamos?

Solução: Eu comprei os barris de 15 e 18 litros (33 litros no total) e meu irmão Alberto levou os de 16, 19 e 31 litros (66 litros no total), portanto, o único barril que restou para venda foi o de 20 litros.

A chave: Atribuir valores baixos àquele que comprou metade do vinho e realizar tentativas até encontrar a solução.

6. | Os brincos

Este problema pode ser resolvido com papel e lápis, escrevendo-se números, ou, melhor ainda, mentalmente – quebrando um pouco a cabeça. É necessário captar a essência do enunciado e deduzir a solução. Não é difícil e o esforço vale a pena.

Material: Nenhum (papel e lápis opcionais).

Dificuldade: Baixa.

Objetivos:
→ Escolher adequadamente o método mais conveniente para resolver um determinado problema, mentalmente ou por escrito.
→ Reduzir problemas complexos a outros, mais simples, que facilitem sua compreensão e resolução.
→ Fornecer uma explicação final, clara e contundente, sobre o processo e as conclusões obtidas.

O JOGO

No meu bairro vivem 800 garotas. Sabemos que 3% delas usam somente um brinco. Das 97% restantes, metade usa dois brincos e a outra metade não usa brinco algum, pois não gostam.

- No total, quantos brincos usam todas as garotas do meu bairro?

Solução: 3% usam um brinco. Se das 97% restantes metade usa 2 e a outra metade nenhum, a média é de um brinco, então, é como se todas as garotas usassem um brinco cada uma. No total, usam 800 brincos.

A chave: Reside em conhecer o conceito de média e saber aplicá-lo em um caso concreto como este.

7. | As frutas do prefeito

De vez em quando, ao propor um jogo, é bom fazer o jogador levar gato por lebre para estimular o reconhecimento da necessidade de manter-se atento a toda informação que se recebe. Às vezes, fornecer dados cruciais distantes do que será perguntado é o bastante para que nos esqueçamos do que foi dito no início, o que pode nos levar a cometer erros crassos.

Material: Papel e lápis.

Dificuldade: Média/Baixa.

Objetivos:
→ Obter e selecionar a informação, e tratá-la de forma independente e crítica.
→ Distinguir a informação útil ou pertinente da não pertinente para a resolução do problema.
→ Assumir uma atitude crítica diante da informação que se recebe.

O JOGO

Na frente da casa do prefeito da minha cidade há uma viçosa figueira. O prefeito é amigo do meu pai e o meu pai é amigo do prefeito. Mas, chega de embromação.

A árvore em questão tem quatro galhos grossos e fortes. De cada um deles nascem mais quatro galhos, apesar de um pouco mais finos. Cada um dos galhos deu quatro belos frutos e dez folhas verdes como as alfaces de nossa horta.

A pergunta que se formula ao prefeito é:

- No total, quantas peras há nessa famosa árvore?

Solução: Dificilmente uma figueira pode dar peras, mesmo que seja na frente da casa do prefeito da minha cidade.

A chave: Devemos sempre, em primeiro lugar, ficar atentos a toda informação transmitida e depois escolher a que nos pode ser útil, sem deixar escapar os pequenos detalhes, tal como fazem os detetives nos romances policiais.

8. | Idades

Os jogos com idades são muito diversificados e sempre são resolvidos por meio de sistemas de equações (tentativas também podem ser utilizadas, entretanto, sua aplicação não é aconselhável, pois costuma ser mais complicado do que as equações). Esses problemas também têm o objetivo de condensar toda a informação em duas linhas, o que requer muita atenção para não deixar escapar os detalhes.

Material: Papel e lápis.
Dificuldade: Média.
Objetivos:
→ Ler atentamente o enunciado para compreender e identificar as questões apresentadas.
→ Traduzir o enunciado para a linguagem matemática (abordagem).
→ Abordar situações problemáticas empregando e resolvendo equações.

O JOGO

Há cinco anos meu irmão era cinco vezes mais velho que Fernando e, no entanto, agora é apenas três vezes mais velho.

- Quantos anos tem Fernando?

Solução: Podem-se aplicar as seguintes equações (I, irmão; F, Fernando):
$(F - 5) \times 5 = (I - 5)$;
$3F = I$.
Daí, $F = 10$ e $I = 30$.
Fernando tem 10 anos e meu irmão, 30.

A chave: Captar os dados fornecidos por um enunciado tão curto e saber aplicá-los em um sistema de equações.

9. | Meus livros

Este é um jogo cuja solução necessita da elaboração de uma boa estratégia, já que, novamente, as tentativas constituem um método longo e complicado. Como sempre, convém comprovar no final que a solução fornecida bate com o enunciado do jogo.

Material: Papel e lápis.
Dificuldade: Média/Alta.
Objetivos:
→ Descobrir um método que permita chegar à solução.
→ Elaborar um modelo claro e preciso para a coleta de dados.
→ Comprovar a real viabilidade das soluções, dado o contexto da situação apresentada.

Cálculo Matemático e Inteligência Numérica

O JOGO

Quero mandar alguns livros para a Argentina e me pediram nos Correios que não os colocassem todos em um só pacote. Ficaria muito pesado.

Tentei empacotá-los de dois em dois e sobrou um. Então, tentei de três em três e também sobrou um. De cinco em cinco, sobraram três. Tanto trabalho para mandar mais de 15 livros e menos de 50...

- Afinal, quantos livros são?

Solução: Sabemos que não se trata de um número par, nem um múltiplo de 3 e que o número deve ser um múltiplo de 5 mais 3, assim como um múltiplo de 3 mais 1, além de ser ímpar.

Podemos fazer uma tabela com os números de 15 a 50 e ir riscando os múltiplos de 2 e 3.

					~~16~~	17	~~18~~	19	~~20~~
~~21~~	~~22~~	23	~~24~~	25	~~26~~	~~27~~	~~28~~	29	~~30~~
31	~~32~~	~~33~~	~~34~~	35	~~36~~	37	~~38~~	~~39~~	~~40~~
41	~~42~~	43	~~44~~	~~45~~	~~46~~	47	~~48~~	49	~~50~~

Dos números que sobram sem riscar, temos de buscar por um que seja múltiplo de 3 mais 1 e múltiplo de 5 mais 3 menor que 50. Somente o número 43 possui todos esses requisitos. Vou mandar 43 livros para a Argentina.

A chave: Escolher uma boa estratégia para abordar o problema geralmente é meio caminho andado para resolvê-lo.

10. | O jantar

Este é um problema antigo e, como tal, a moeda corrente eram os finados cruzeiros.

Material: Papel e lápis.

Dificuldade: Alta.

Objetivos:
→ Descobrir um método que permita chegar à solução.
→ Comprovar e discutir os resultados obtidos.
→ Revisar, se necessário, os cálculos realizados, a abordagem adotada e os métodos utilizados.

O JOGO

Dois pastores decidiram cozinhar grão-de-bico para o jantar, coisa que não acontecia todos os dias. Um deles jogou na caldeira 200 gramas e o outro 300 da deliciosa iguaria.

Quando ficou pronto e iam começar a degustar o suculento banquete, surgiu um peregrino faminto e eles o convidaram para jantar, afinal, os pastores eram generosos.

- Quando o peregrino foi embora, pagou-lhes 50 cruzeiros por sua gentileza e despediu-se amigavelmente. Como eles vão repartir?

Solução: Um pastor fica com 10 cruzeiros e o outro, com 40.

De fato. Consideremos 50 cruzeiros como a parte a pagar por cada comensal. Como eram 3, o preço dos grãos-de-bico consumidos é de 150 cruzeiros.

O pastor que colaborou com 200 gramas representa em dinheiro 60 cruzeiros (40% do total) e comeu o valor de 50, logo, tem de receber 10 cruzeiros.

O que contribuiu com 300 gramas representa em dinheiro 90 cruzeiros (60% do total) e, como o que comeu valia 50, tem de receber 40 cruzeiros.

A chave: Fazer uma distribuição correta do que deve pagar cada pastor e o peregrino, bem como qual é sua contribuição.

11. | O relógio de cuco

Problemas aparentemente muito simples podem não sê-lo, de modo que convém sempre checar se a solução bate com o enunciado e discuti-la com outras pessoas, debatendo sobre o processo utilizado para vencer o desafio.

Material: Papel e lápis.

Dificuldade: Média/Baixa.

Objetivos:
→ Descobrir um método que permita chegar à solução.
→ Comprovar a real viabilidade das soluções, dado o contexto da situação apresentada.
→ Fornecer uma explicação final, clara e contundente, sobre o processo e as conclusões obtidas.

O JOGO

Tenho em casa um valioso relógio de cuco. Como sou muito observador, notei que, quando o cuco canta 6 vezes, a sonora operação dura 5 segundos.

- Quanto tempo ele vai demorar para cantar 12 vezes?

Solução: Se o relógio leva 5 segundos para cantar 6 vezes, significa que precisa de um segundo entre cada badalada (5 no total: do 1° ao 2°, do 2° ao 3°, do 3° ao 4°, do 4° ao 5° e do 5° ao 6°). Para cantar 12 vezes, demorará 11 segundos, pois há 11 intervalos entre cada badalada.

A chave: Considerar que o tempo não começa a transcorrer até que soe a primeira badalada.

12. | Pai e filho

Este problema pode ser mais facilmente resolvido por meio de tentativas, em vez de se empregar outros sistemas mais "acadêmicos", porém, tenha em mente que não acaba por aí: perceba que há várias soluções possíveis e utilize critérios não matemáticos para selecionar a correta.

Material: Papel e lápis.

Dificuldade: Média.

Objetivos:
→ Resolver problemas por meio de tentativas.
→ Buscar, por meio de repetidas tentativas, valores que se aproximem melhor do resultado.
→ Comprovar e discutir os resultados obtidos.

O JOGO

Eram pai e filho. A idade do pai continha os mesmos algarismos que constituíam a idade do filho, porém, invertidos. A única coisa que sabemos é que as idades de ambos somam 55 anos.

- Qual é a idade dos dois?

Solução: O pai tem 41 e o filho, 14. Também poderiam ter 32 e 23 anos, respectivamente, mas ser pai com 9 anos não é possível[2].

A chave: Escolher a solução que condiz com o enunciado, levando em consideração parâmetros que não são matemáticos.

---

2. A produção de espermatozoides tem início quando o homem atinge a puberdade [N.T.].

13. | As gralhas

Podemos encontrar a solução para um mesmo problema por meio de diferentes sistemas de equações que, no fundo, são equivalentes uns aos outros. E nunca é demais checar se a solução proposta bate com o enunciado.

Material: Papel e lápis.
Dificuldade: Média/Alta.
Objetivos:
→ Aplicar e calcular expressões numéricas e algébricas em problemas concretos.
→ Descobrir um método que permita chegar à solução.
→ Comprovar e discutir os resultados obtidos.

O JOGO

As gralhas são aves pertencentes à família dos corvídeos. Agora, dê uma boa olhada no que está sendo proposto a você:

"Chegaram as gralhas
e pousaram nas estacas.
Se em cada estaca
pousa uma gralha,
uma das gralhas fica sem estaca.
Mas se em cada estaca
pousam duas gralhas,
em uma das estacas
não haverá gralha."

- Quantas gralhas e estacas há?

Solução: Se utilizarmos equações (G, gralha; E, estaca):
$E = G - 1$
$E - 1 = G/2$
Então, há 3 estacas e 4 gralhas.

A chave: Compreender bem o enunciado e buscar por um sistema de equações apropriado para resolvê-lo.

14. | O arqueiro

Os problemas resolvidos apenas com tentativas requerem um pouco de lógica e muita paciência, ambas muito necessárias hoje em dia e nem sempre suficientemente valorizadas.

Material: Papel e lápis.

Dificuldade: Média.

Objetivos:
→ Realizar cálculos precisos e aproximados, mentalmente e por escrito.
→ Resolver problemas por meio de tentativas.
→ Buscar, por meio de repetidas tentativas, valores que se aproximem melhor do resultado.

O JOGO

Um arqueiro se prepara para atirar em um alvo cujos círculos concêntricos possuem – de fora para dentro – os seguintes valores: 8, 12, 13, 15 e 16 pontos.

- Quantas flechas ele deverá atirar para somar exatamente 125 pontos?

Solução: Deverá atirar 9 flechas: 2 no 12 (24 pontos), 3 no 13 (39 pontos), 2 no 15 (30 pontos), 2 no 16 (32 pontos). Total: 24 + 39 + 30 + 32 = 125 pontos.

A chave: Aproximar-se aos poucos da solução por meio de tentativas (além de ter uma boa dose de paciência) até encontrar a resposta correta.

15. | O monstro dos biscoitos

Para a resolução de alguns problemas convém proceder de um modo inverso ao habitual. Para simplificar, deve-se começar a construir a casa pelo telhado, o que, traduzido para o caso em questão, implica ir do fim até o princípio, reconstruindo os fatos como um bom detetive até encontrar a solução.

Material: Papel e lápis.

Dificuldade: Alta.

Objetivos:
→ Identificar problemas e elaborar estratégias para resolvê-los mediante processos intuitivos e de raciocínio lógico.
→ Aplicar métodos indutivos e dedutivos.
→ Fornecer uma explicação final, clara e contundente, sobre o processo e as conclusões obtidas.

O JOGO

Um monstro devorador de biscoitos saiu de sua casa com um montão de deliciosos biscoitos e voltou sem nenhum.

Sua mãe perguntou-lhe o que havia acontecido com os biscoitos e ele respondeu: "Para cada amigo com que me deparei dei metade dos biscoitos que tinha mais um".

Questionado por sua mãe sobre quantos amigos ele havia encontrado, o monstro respondeu: "3".

- Quantos biscoitos ele tinha ao sair de casa?

Solução: Tinha 14 biscoitos. Para o primeiro amigo deu 8, para o segundo deu 4 e para o terceiro deu os 2 restantes.

O problema é solucionado partindo do fim até o princípio. Para não ter sobrado nenhum biscoito, o monstro devia ter 2 deles quando se deparou com o terceiro amigo, já que assim faz sentido não sobrar nenhum biscoito ao dar-lhe metade deles (2/2) mais um. Da mesma forma, o segundo amigo deve receber 4 e o primeiro, 8. No total, 8 + 4 + 2 = 14 biscoitos.

A chave: Descobrir quantos biscoitos o último amigo ganhou.

16. | Fevereiros

Somos inclinados a imaginar o que nos será perguntado antes mesmo de terminarmos de ler o enunciado, o que pode nos complicar a vida por acabarmos fornecendo uma resposta que não é válida, já que o que nos estava sendo perguntado era algo muito mais fácil de resolver. A seguir, temos um típico exemplo disso.

Material: Papel e lápis.

Dificuldade: Baixa.

Objetivos:
→ Ler atentamente o enunciado para compreender e identificar as questões apresentadas.
→ Obter e selecionar a informação, e tratá-la de forma independente e crítica.
→ Distinguir quais dados são conhecidos e quais fazem falta para a resolução do problema.

O JOGO

Elaborar calendários não é para qualquer um. Você tem que lidar com um monte de números e não é todo mundo que tem talento para matemática.

Você, que figura entre os capacitados, poderia responder o seguinte?

- De 1º de janeiro de 1976 a 31 de março de 1996, quantos meses tiveram 28 dias?

Solução: Todos os meses têm 28 dias, portanto, não precisa esquentar a cabeça calculando quantos meses de fevereiro houve nesse período e quantos corresponderam a anos bissextos.
Ao todo, são 20 anos e 3 meses, que somam um total de (20 × 12) + 3 = 243 meses, todos eles com 28 dias.

A chave: Deve-se responder o que foi perguntado, embora, às vezes, a pergunta possa estar malredigida ou então induzir à confusão.

17. | Em busca do real perdido

Este jogo é um clássico, mas nem por isso deixa de ser bem interessante, já que muita gente não o conhece.

Material: Papel e lápis.

Dificuldade: Alta.

Objetivos:
→ Obter e selecionar a informação, e tratá-la de forma independente e crítica.
→ Assumir uma atitude crítica diante da informação que se recebe.
→ Reduzir problemas complexos a outros, mais simples, que facilitem sua compreensão e resolução.

O JOGO

Hoje em dia os acordos comerciais são realizados em jantares de negócios, pois assim são mais proveitosos. Depois de um desses jantares, três vendedores pedem a conta para o garçom. Este lhes diz que o total foi de 30 reais. Cada um coloca 10 reais em cima da mesa e o garçom leva o dinheiro para o caixa.

Logo depois, o garçom volta para lhes informar que a casa, como agradecimento por suas frequentes visitas, descontou-lhes do total 5 reais, que lhes são devolvidos. Eles, então, muito satisfeitos, dão 2 reais de gorjeta ao zeloso garçom e dividem entre si os 3 reais restantes.

Eis o enigma a ser resolvido: como cada um pagou 10 reais e recuperou 1 real, pode-se dizer lógica e matematicamente que cada um pagou 9 reais. Por conseguinte, os três juntos pagaram 27 reais.

Portanto, com os 27 que pagaram mais os 2 de gorjeta que deram ao garçom, a soma total é de 29. Então, pergunta-se:

- E o real que falta para chegar aos 30, aonde foi parar?

Solução: Os 27 reais já incluem os 2 de gorjeta, então não faz sentido contabilizá-los novamente. O cálculo correto são os 27 reais que de fato pagaram, mais os 3 reais que os três amigos embolsaram, dando um total de R$ 30.

A chave: Não deixar se enganar pelo enunciado e prestar bastante atenção no que foi pago e o que não foi pago. Fazendo a conta com papel e lápis, nota-se rapidamente o engano.

Anedota: No programa de rádio, um ouvinte ligou para fornecer a solução para o problema do dia e me desafiou a resolver o enigma aqui apresentado. Infelizmente para ele – e felizmente para mim – eu já o conhecia e consegui dar a solução facilmente, caso contrário, vai saber se eu não teria fritado o cérebro com o problema, já que pode ser um pouco confuso, principalmente quando se é submetido à pressão da transmissão ao vivo da rádio.

18. | A piscina

Aqui está um problema cuja resolução pode ser encontrada por múltiplos caminhos, desde demonstrações simplificadas até mentalmente, passando pelas equações, que são sempre úteis. Neste caso, o importante é chegar à solução, não importa o meio utilizado para isso.

Material: Papel e lápis.
Dificuldade: Média/Alta.
Objetivos:
- → Escolher adequadamente o método mais conveniente para realizar um determinado cálculo: mentalmente, por escrito ou com a ajuda de tentativas.
- → Descobrir um método que permita chegar à solução.
- → Buscar, por meio de repetidas tentativas, valores que se aproximem melhor do resultado.

O JOGO

Meu primo Paulo consegue construir uma piscina em 3 semanas; no entanto, meu tio Jacinto necessita de 6 semanas para construir a mesma piscina.

- Em quanto tempo os dois construirão uma piscina se trabalharem juntos?

Solução: Os dois precisarão de duas semanas para construir uma piscina, já que Jacinto fará um terço da piscina nesse tempo, enquanto Paulo construirá os dois terços restantes.
Também é possível resolver o problema calculando que proporção da piscina ambos construirão em uma semana e assim saberemos facilmente quanto tempo necessitarão para terminá-la.

A chave: Nem sempre é necessário empregar equações, às vezes pode-se resolver utilizando a lógica, mentalmente ou por meio de tentativas.

19. | O terrário

Este problema é muito fácil de resolver, a menos que se cometa um erro relacionado a conhecimentos de biologia animal. Acontece que quando resolvemos problemas de matemática, às vezes, também temos de empregar nossos conhecimentos sobre outras áreas científicas.

Material: Papel e lápis.

Dificuldade: Média/Baixa.

Objetivos:
→ Distinguir entre o que se conhece (dados) e o que não se conhece (incógnitas).
→ Abordar situações problemáticas empregando e resolvendo equações.
→ Comprovar a real viabilidade das soluções, dado o contexto da situação apresentada.

O JOGO

Sérgio cria aranhas e escaravelhos em um terrário. Possui um total de 12 animais, que juntos somam 84 patinhas.

- Quantos escaravelhos e aranhas ele tem?

Solução: Antes de mais nada, temos de levar em consideração que os escaravelhos são insetos, portanto, têm 6 patas, enquanto que as aranhas são aracnídeos, ou seja, têm 8.

Realizamos as seguintes equações (A, aranha; E, escaravelho):
$A + E = 12$
$8A + 6E = 84$
Daí, $A = 6$ aranhas e $E = 6$ escaravelhos.

A chave: Reside em conhecer o número de patas que esses animais têm e não cometer o erro de considerar que as aranhas são insetos. E, como sempre, convém checar se a solução é a correta para evitar surpresas, apesar de que este jogo possui uma pegadinha, já que é apresentado de tal forma que obtemos uma solução aparentemente válida se consideramos que as aranhas e os escaravelhos têm todos 6 patas; nesse caso, no entanto, não poderíamos distinguir quantos animais de cada tipo existem.

20. | O pai da criatura

Este jogo é uma brincadeira, mas com ele quero ressaltar a importância de vincular os números à vida real, já que muitas vezes por trás das frias operações matemáticas encontramos seres humanos.

Material: Papel e lápis.
Dificuldade: Média.
Objetivos:
→ Identificar problemas e elaborar estratégias para resolvê-los mediante processos intuitivos e de raciocínio lógico.
→ Obter e selecionar a informação, e tratá-la de forma independente e crítica.
→ Encontrar relações entre os dados obtidos.

O JOGO

Este não é um problema destinado a todos os públicos. Ele diz o seguinte:

Agora, Marta tem 21 anos mais do que seu filho.

Daqui a 6 anos, o filho será 5 vezes mais jovem do que sua mãe.

- Onde está o pai da criatura neste exato momento?

Solução: Montem as equações (M, Marta; F, filho):
$M = F + 21$
$M + 6 = (F + 6) \times 5$;
Donde se conclui que:
$M = 20\ 1/4$ anos ou 20 anos e 3 meses (mãe) e
$F = -3/4$ anos (filho).
Como assim o filho tem -3/4 anos? Isso significa -9 meses de idade. Então, fica bem claro onde está o pai: juntinho da mãe...

A chave: Buscar que idade têm mãe e filho, e lembrar que a idade é dada em anos.

II

Jogos de Capacidade e Raciocínio Lógicos e Agilidade Mental

Como trabalhar com os jogos de capacidade e raciocínio lógicos e agilidade mental

A lógica nos possibilita coisas tão simples e, ainda assim, tão complexas, como trabalhar com conhecimentos abstratos, relacionar conceitos, prever um acontecimento, planejar o futuro, aprender com o que já aconteceu etc. Pode ser aplicada de duas maneiras: de forma dedutiva (do geral para o particular) ou indutiva (partindo de casos particulares para chegar a uma lei geral que relaciona o todo).

Os jogos de agilidade mental requerem o exercício do *pensamento lógico-criativo*. Portanto, para resolvê-los é necessário um pouco de paciência, bem como compreender, interpretar, refletir, avaliar os dados, induzir, deduzir, categorizar, classificar, generalizar e testar hipóteses, estabelecer padrões... tudo em um só desafio! Um esplêndido exercício para nossa mente.

A palavra "lógica" provém do grego *logos*, que poderíamos traduzir como "palavra, razão, discussão". Algumas pessoas encontrarão a resposta para jogos de lógica agindo como verdadeiros detetives: examinando os indícios e as informações de que dispõem e sopesando as diferentes opções. Outras, serão mais intuitivas. Tanto para umas como para outras, os enigmas de lógica representam um autêntico desafio que colocará à prova sua capacidade de análise e raciocínio, bem como sua agilidade mental – não é à toa que o raciocínio lógico requer um alto nível de atividade criativa para considerar diversas possibilidades, analisar vários pontos de vista, buscar por padrões ou modelos, e assim por diante.

O mais importante nesse processo, contudo, não deve ser sempre a resposta, mas o caminho percorrido para chegar até ela, caminho este que pode variar de acordo com a perspicácia, a cultura, a imaginação e a personalidade de cada um.

Além disso, há apenas um método universal para se vencer um desafio: distanciar-se dos caminhos já trilhados usando a astúcia e a sagacidade. Cada pessoa possui seus próprios meios para chegar à solução, embora seja sempre bom observar como trabalham os demais, para aprender novas "táticas".

Também devemos nos lembrar que o prazer de resolver um enigma é proporcional à dificuldade inicial que suscita; então, é importante que os jogos apresentados sejam resolvidos de forma progressiva no que diz respeito à sua dificuldade e que sejam aplicados conhecimentos adquiridos com jogos anteriores.

Frequentemente dispomos da informação e dos dados necessários para tirar conclusões ou chegar à solução, porém, falta-nos aplicar a dedução lógica. Raciocinar e deduzir são duas atividades muito próximas; portanto, *exercitar a capacidade de raciocínio lógico* e saber trabalhar seus mecanismos auxiliará nossa inteligência a ser mais eficaz diante de situações novas ou que abrangem certa dificuldade.

Como ocorre com as tabelas lógicas, às vezes a chave para resolver esses enigmas está em começar extraindo os dados confiáveis da informação a que se tem acesso. Em seguida, deve-se ir deduzindo o restante dos dados a partir dos coletados primeiro até completá-los. Entretanto, quase sempre existem inúmeros caminhos para se chegar à solução correta. Basta escolher algum já conhecido ou tentar um novo que se apresente.

Procedimentos, conceitos e atitudes

Os jogos de capacidade e raciocínio lógicos e agilidade mental podem nos ajudar a trabalhar alguns dos seguintes procedimentos, conceitos e atitudes:

- Resolver problemas por meio de processos intuitivos e de raciocínio lógico.
- Classificar e organizar dados.
- Buscar por diversas estratégias para encontrar a solução para um problema.
- Organizar dados de um modo preciso e sistemático.
- Ter paciência até encontrar a solução de um problema, desenvolvendo várias estratégias para sua resolução, caso necessário.
- Verificar a correção de uma determinada ordenação a partir dos critérios estabelecidos.
- Identificar problemas e elaborar estratégias para resolvê-los.
- Obter e classificar a informação de forma independente e crítica.
- Realizar cálculos precisos e aproximados, mentalmente e por escrito.
- Confirmar uma solução por meio da obtenção de resultados favoráveis.
- Desmentir mediante contraexemplos.

- Elaborar argumentações para raciocinar sobre a solução fornecida.
- Comprovar e discutir os resultados obtidos.
- Obter e selecionar a informação para resolver um problema.
- Assumir uma atitude crítica diante da informação que se recebe.
- Ter perseverança e flexibilidade na busca pela solução.
- Encontrar relações entre os dados obtidos.
- Comprovar a validez dos resultados encontrados contrastando-os com a situação de partida.
- Não abandonar a busca pela resposta quando a estratégia escolhida a princípio não tiver sido adequada.
- Classificar os dados, apresentando-os e tratando-os de forma organizada e clara.
- Reduzir problemas complexos a outros, mais simples, que facilitem sua compreensão e resolução.
- Compreender os enunciados de problemas como premissa para sua correta resolução.
- Insistir até encontrar a resposta correta.
- Não se precipitar ao resolver um problema.
- Desenvolver a inteligência e a agilidade mental.
- Seguir uma ordem sistemática para a resolução de problemas que necessitarem disso.
- Esquematizar a resolução de um problema.
- Resolver um problema de lógica passo a passo.
- Resolver problemas lógicos por meio de estratégias adequadas.
- Distinguir quais dados são conhecidos e quais fazem falta para a resolução de um problema.
- Identificar corretamente o problema e os dados transmitidos.
- Traduzir o enunciado para a linguagem lógica (construção de tabelas).
- Descobrir um método que permita chegar à solução.
- Esquematizar a resolução (escolher a estratégia) e resolver o problema (aplicar a estratégia).
- Elaborar um modelo claro e preciso para a coleta de dados.
- Corrigir os erros encontrados.
- Fornecer uma explicação final, clara e contundente, sobre o processo e as conclusões obtidas.

21. | As velas

Nem sempre os jogos de lógica estão isentos de cálculos numéricos, mas a busca por sua solução vai um pouco além da realização de tais cálculos. Para ser mais claro, o jogo oculta uma pegadinha na qual presumivelmente cairão muitos participantes. Entretanto, é sabido que aprende-se mais com um erro do que com cem acertos.

Material: Papel e lápis.

Dificuldade: Baixa.

Objetivos:
→ Identificar problemas e elaborar estratégias para resolvê-los.
→ Obter e classificar a informação, e tratá-la de forma independente e crítica.
→ Realizar cálculos precisos e aproximados, mentalmente e por escrito.

O JOGO

Na festa de aniversário da pequena Marta não poderiam faltar as velinhas vermelhas e musicais, doze no total.

Agora, o que queremos saber é:

- Quantas velas restarão se apagarmos um terço delas mais uma?

Dica: Tenha em mente que o que está sendo perguntado é: "quantas velas restarão".

Solução: Foram apagadas um terço de 12 (ou seja, 4) mais uma. No total, 4 + 1 = 5 velas foram apagadas. Assim, restarão 5 velas, pois as outras 7 foram consumidas por completo.

Variações: Pode-se resolver mentalmente ou com a ajuda de papel e lápis para anotar os dados e realizar os cálculos.

A chave: Não considerar como subentendidas informações que não tenham sido ditas.

22. | Sudoku com símbolos

Os sudokus são passatempos muito populares. Deve-se preencher os 9 quadros de modo que os algarismos de 1 a 9 não coincidam nem na horizontal nem na vertical, ou seja, dentro de cada espaço deve haver os 9 algarismos sem repetição em uma linha ou coluna. Esses jogos permitem variações interessantes, como esta, na qual os algarismos são substituídos por símbolos. O jogo é basicamente igual ao sudoku comum, mas representa um desafio para a mente, já que acrescentamos um grau de dificuldade, pela abstração que pressupõem os símbolos.

Material: Papel, lápis e borracha.

Dificuldade: Alta.

Objetivos:
→ Resolver problemas por meio de processos intuitivos e de raciocínio lógico.
→ Classificar e organizar dados.
→ Buscar por diversas estratégias para encontrar a solução para um problema.

O JOGO

Complete o seguinte Sudoku, cuja particularidade consiste em apresentar 9 símbolos em vez dos números:

♣	Ω			⊗				♦
		♦			♥	⊗		
	⊗		Ω	⊕			♣	
Φ		♣		♠		Ω		
	∅	⊕				Φ	♠	
	♥		Φ		♣			⊕
	♥		∅	♣			Ω	
		∅	⊗			♦		
♦				♥			⊗	♣

Solução:

♣	Ω	♠	Φ	⊗	∅	♥	⊕	♦
∅	⊕	♦	♠	♣	♥	⊗	Φ	Ω
♥	⊗	Φ	Ω	⊕	♦	♠	♣	∅
Φ	♦	♣	♥	♠	⊕	Ω	∅	⊗
Ω	∅	⊕	♣	♦	⊗	Φ	♠	♥
⊗	♠	♥	∅	Φ	Ω	♣	♦	⊕
♠	♥	⊗	♦	∅	♣	⊕	Ω	Φ
⊕	♣	∅	⊗	Ω	Φ	♦	♥	♠
♦	Φ	Ω	⊕	♥	♠	∅	⊗	♣

Variações: Jogar sudokus de símbolos de dificuldade crescente, de acordo com o nível dos participantes.

A chave: Pode-se buscar os símbolos que faltam observando as fileiras, colunas ou os quadros menores. Muitas vezes, ao se posicionar um símbolo, descobre-se a localização dos demais. Deve-se ter paciência e ir preenchendo os espaços em branco aos poucos, procurando resolver primeiro as fileiras, colunas ou quadros menores que contenham mais símbolos.

23. | Minissudoku de 5

Este é um jogo muito parecido com o Sudoku, porém, igualmente interessante. Com ele, joga-se somente com um quadro, que deve ser preenchido com os números de 1 a 5, de modo que cada um deles apareça uma única vez em cada fileira e cada coluna.

Material: Papel, lápis e borracha.

Dificuldade: Média.

Objetivos:
→ Organizar dados de um modo preciso e sistemático.
→ Ter paciência até encontrar a solução de um problema, desenvolvendo diversas estratégias para sua resolução, caso necessário.
→ Verificar a correção de uma determinada ordenação, a partir dos critérios estabelecidos.

O JOGO

Preencha o seguinte quadro com números de 1 a 5, de modo que cada número apareça uma única vez em cada fileira e em cada coluna.

3	4	1		5
2				
		2		3
1			5	
				4

Solução:

3	4	1	2	5
2	5	3	4	1
4	2	5	1	3
1	3	4	5	2
5	1	2	3	4

Variações: Para facilitar a resolução do jogo, pode-se acrescentar um número qualquer ao quadro ou dá-lo como dica caso os participantes tenham dificuldade para encontrar a resposta.

A chave: Procurar começar pelas fileiras ou colunas que contenham mais números já posicionados e ir preenchendo aos poucos, tendo em mente que cada número localizado ajuda a encontrar outros. Por fim, checar se os requisitos foram cumpridos.

24. | Sequestro inteligente

Alguns jogos de lógica requerem que sejam descartadas as diversas opções possíveis até achar a solução correta. Embora nem sempre se encontre a resposta, às vezes o caminho percorrido é tão ou mais importante do que o próprio destino.

Material: Nenhum.
Dificuldade: Média/Alta.
Objetivos:
→ Confirmar uma solução por meio da obtenção de resultados favoráveis.
→ Desmentir mediante contraexemplos.
→ Elaborar argumentações para raciocinar sobre a solução fornecida.

O JOGO

Um avião está prestes a decolar quando um de seus passageiros anuncia ser um sequestrador, mostra uma arma e exige que lhe entreguem um sanduíche, dois paraquedas e um milhão de reais.

Depois que todas as suas exigências são atendidas, o avião parte com todos os passageiros rumo a outro país e, pouco tempo depois, durante o voo, o sequestrador salta de paraquedas levando consigo o milhão e o sanduíche, deixando no avião o segundo paraquedas.

- Por que ele exigiu um segundo paraquedas às autoridades?

Dica: E se ele tivesse feito um refém? O que aconteceria?

Solução: O sequestrador exigiu um segundo paraquedas para fazer as autoridades acreditarem que ele saltaria levando um refém, assegurando-se, assim, de que ambos os paraquedas estivessem em perfeitas condições.

A chave: Ir analisando todas as opções e descartar as que não sejam críveis, como, por exemplo, a de que havia um segundo sequestrador a bordo, já que nada disso foi mencionado no enunciado.

25. | Duelo a três

Este jogo vem a ser uma continuação do anterior, já que seu intuito foi servir de treino para enfrentar novos desafios lógicos, como o que se segue.

Material: Nenhum (papel e lápis opcionais).
Dificuldade: Alta.
Objetivos:
→ Confirmar uma solução por meio da obtenção de resultados favoráveis.
→ Comprovar e discutir os resultados obtidos.
→ Elaborar argumentações para raciocinar sobre a solução fornecida.

O JOGO

Há muitos anos, José, Pedro e Antônio aborreceram-se muito por causa de um problema relacionado aos limites de suas terras. De fato, desafiaram-se à morte de acordo com as leis de seu país para os casos em que os duelistas são três.

Cada um dispunha de uma pistola com uma só bala. Eles traçaram um triângulo equilátero de 10 metros de lado no solo e cada um postou-se em um vértice, do qual não podiam sair. Cada duelista dispararia contra qualquer um dos outros, à sua escolha. O primeiro a disparar foi escolhido por sorteio. Assim sendo, Antônio foi o selecionado. Se ele disparasse contra José, este seria o segundo a disparar contra quem desejasse, caso continuasse vivo; se morresse, seria a vez de Pedro...

Antônio ficou contente por ser o primeiro a atirar, pois sabia como escapar com vida daquela loucura que os três estavam cometendo.

- Contra quem Antônio disparou e como conseguiu salvar sua vida?

Dica: Lembrar-se de que cada duelista conta com apenas uma bala.

Solução: Antônio poderia disparar contra qualquer um dos outros dois, desde que errasse de propósito. Assim, o outro duelista não ficaria ferido e poderia disparar, fazendo-o contra o terceiro, que seria o único a quem sobraria uma bala e que poderia disparar contra ele, mas não poderá fazê-lo, pois estará morto.

A chave: Analisar todas as opções e descartar as que não façam sentido.

26. | Inimizade

Existem problemas que são tão fáceis que dá até vergonha propô-los. Porém – sempre existe um porém –, nem todo mundo encontrará a solução, por mais óbvia que seja, já que sua mente é ofuscada por uma falsa ideia preconcebida da situação apresentada.

Material: Nenhum.
Dificuldade: Baixa.
Objetivos:
→ Obter e selecionar a informação para resolver um problema.
→ Asusmir uma atitude crítica diante da informação que se recebe.
→ Ter perseverança e flexibilidade na busca pela solução.

O JOGO

Meu tio Jacinto tinha duas cabras que estavam sempre "com a macaca". Estavam pastando em um prado e vinham se estranhando muito por causa de uma briga que tiveram há tempos por uns brotos verdes.

Uma das cabras pastava com a cabeça baixa, olhando para o leste, enquanto a outra pastava com a cabeça virada para o oeste, só para fazer o oposto da primeira...

Entretanto, ao levantarem a cabeça, ficaram frente a frente, para a grande surpresa de ambas.

- Como é possível?

Dica: Não presumir o que não foi dito.

Solução: As cabras já estavam frente a frente, a da esquerda olhava para o leste e a da direita, para o oeste. Não há menção sobre estarem de costas uma para a outra, apenas foi dito que estavam se estranhando.

A chave: Entender bem o enunciado antes de responder de modo precipitado. Ou seja, "não atirar primeiro e perguntar depois".

27. | Quem venceu a aposta?

Às vezes, um problema pode apresentar diversos resultados igualmente válidos. O jogo a seguir é um daqueles em que a resposta pode dar lugar a discussões sobre quem está com a razão...

Material: Nenhum.

Dificuldade: Média.

Objetivos:
→ Buscar por diversas estratégias para encontrar a solução para um problema.
→ Encontrar relações entre os dados obtidos.
→ Comprovar a validez dos resultados encontrados contrastando-os com a situação de partida.

O JOGO

O queijo-quente que o meu amigo Luís comprou estava com um aspecto convidativo, de dar água na boca. Os 3 reais desembolsados para pagá-lo valeram cada centavo. Para que as moscas não pousassem no sanduíche enquanto aguardava outro amigo, ele colocou um prato emborcado por cima e ainda cobriu tudo com um guardanapo.

Quando Pedro chegou disse a Luís: "Eu sou um gênio da mágica. Você protegeu bem o seu desjejum, mas eu aposto 1 real como consigo comê-lo sem tocar ou mexer a mesa, nem o prato, nem o guardanapo".

- Luís aceitou o desafio. Pedro conseguirá ganhar a aposta? Ou será Luís o vencedor?

Dica: Creio que não exista nenhum mágico capaz de fazer o que Pedro disse.

Solução: Pedro primeiro retirou o guardanapo, depois o prato e em seguida devorou o queijo-quente pelo qual seu amigo havia pagado 3 reais. Claro, ele teve que pagar a Luís 1 real por ter perdido a aposta. Mas, quem, de fato, foi o perdedor?

A chave: Este problema vem a ser um paradoxo, já que Luís venceu a aposta, mas, na verdade, saiu perdendo, já que pagou 3 reais pelo apetitoso sanduíche que foi comido por Pedro e só recuperou 1 real. Ou seja, Luís venceu, mas foi enganado por Pedro.

28. | As idades dos amigos

Os problemas lógicos nos quais são utilizadas as idades de diferentes pessoas proporcionam uma porção de jogos. Para se familiarizar com eles, convém começar com exercícios simples e ir complicando-os à medida que se avança em sua resolução. Eis aqui um simples, ideal para se começar...

Material: Nenhum (papel e lápis opcionais).

Dificuldade: Baixa.

Objetivos:
→ Aplicar métodos indutivos e dedutivos.
→ Comprovar a validez dos resultados encontrados contrastando-os com a situação de partida.
→ Persistir na busca pela solução quando a estratégia escolhida a princípio não tiver sido adequada.

O JOGO

Naquela manhã, eu havia me reunido com três amigos para jogar ludo: Joaquim era mais velho do que Leandro, que era mais novo do que André, que era mais novo do que Joaquim.

Eu sempre me confundo, então quero saber se você consegue me dizer:

- Entre eles, quem é o mais novo e quem é o mais velho?

Dica: Escute com atenção (ou leia devagar) e procure prosseguir passo a passo. Sem pressa.

Solução: Joaquim é o mais velho, seguido por André, e Leandro é o mais novo deles.

A chave: Uma vez que se chegou à resposta, convém sempre voltar para o enunciado para checar se a solução que encontramos bate com ele.

Anedota: Como disse um professor em sala de aula: "Vou fazer a chamada por ordem cronológica...". Imagine a confusão.

29. | Parentesco confuso

Outro tipo de problema lógico muito habitual é o que envolve parentescos; nesse caso, para encontrar a solução é necessário que os participantes conheçam os diversos graus de parentesco, o que costuma ser comum. As árvores genealógicas rendem muitos desafios.

Material: Nenhum (papel e lápis opcionais).
Dificuldade: Baixa.
Objetivos:
→ Aplicar métodos indutivos e dedutivos.
→ Classificar os dados, apresentando-os e tratando-os de forma organizada e clara.
→ Reduzir problemas complexos a outros, mais simples, que facilitem sua compreensão e resolução.

O JOGO

Neste último fim de semana, Antônio foi até o Aeroporto de Congonhas buscar um familiar que estava chegando do Rio de Janeiro.

Se você está curioso por saber quem Antônio foi buscar, só lhe digo que era o cunhado do único irmão de sua mãe.

- Que parente Antônio foi buscar?

Dica: Você pode tentar primeiro resolver o problema mentalmente, mas, se precisar, papel e lápis podem ajudá-lo a reconstruir a genealogia da família de Antônio.

Solução: Antônio foi buscar seu pai no aeroporto, já que o único irmão de sua mãe é seu tio e o cunhado de seu tio é o marido de sua irmã (sua mãe), ou seja, seu pai.

A chave: O melhor a se fazer é ir saltando de um elo familiar a outro, com vagar, até encontrar a solução sem deixar-se intimidar por um enunciado que a princípio possa parecer muito confuso.

Anedota: Para os amantes dos problemas envolvendo parentescos, um caso impagável é o esquema de corrupção de um político que um meio de comunicação quis denunciar, alegando que o neto da irmã da mãe do sogro do mencionado político teria um restaurante. Que salada!

30. | Intriga no Natal

Eis aqui outro jogo muito fácil de resolver se você se concentrar bastante. A princípio, seu enunciado pode parecer paradoxal, mas, se o contexto for compreendido, não haverá problema para se encontrar a solução.

Material: Nenhum.
Dificuldade: Baixa.
Objetivos:
→ Compreender os enunciados de problemas como premissa para sua correta resolução.
→ Insistir até encontrar a resposta correta.
→ Não se precipitar ao resolver um problema.

O JOGO

O Natal de 2009 caiu em uma sexta-feira. Exatamente uma semana depois, o Ano-Novo também caiu na sexta, já que ele sempre acontece uma semana depois do Natal.

Então:

- Por que em 2050 o Natal e o Ano-Novo cairão em dias da semana diferentes?

Dica: Leia com atenção a primeira parte do enunciado e busque por algo que o diferencia da segunda parte.

Solução: Porque estamos falando do Natal de 2009 e do Ano-Novo de 2010, sete dias depois. Se tivéssemos considerado o Ano-Novo de 2009 e o Natal do mesmo ano, tampouco cairiam no mesmo dia. O mesmo ocorre para o ano 2050.

A chave: Não se deixar enganar e ter um pouco de flexibilidade mental para descobrir essas pegadinhas.

31. | Os quatro amigos

Um tipo de problema lógico muito comum é aquele no qual são apresentados vários personagens, e então deve-se descobrir seus nomes, profissões, naturalidade etc., a partir de umas poucas informações fornecidas. Aqui está um simples.

Material: Papel e lápis.

Dificuldade: Média.

Objetivos:
→ Melhorar a capacidade de indução e dedução.
→ Desenvolver a agilidade mental.
→ Aprender a ter paciência para resolver situações problemáticas apresentadas.

O JOGO

Quatro crianças saem de férias com suas famílias. Cada uma delas viaja para um estado brasileiro diferente (Brasília, Minas Gerais, São Paulo e Rio de Janeiro). Vejamos o que dizem:

Menino 1: Nem Sílvia nem Roberto vão para o Rio de Janeiro.
Menina 1: Nenhum menino vai acampar em Minas Gerais.
Menino 2: Eu não sou o Renato.
Menina 2: Susana vai para a casa de seus avós em São Paulo.

• Tente descobrir quem é quem e para onde cada um vai nas férias.

Dica: Para resolver o problema passo a passo, monte um quadro como a seguir:

	nome	destino
menino 1		
menino 2		
menina 1		
menina 2		

Solução:

	nome	destino
menino 1	Renato	Rio de Janeiro
menino 2	Roberto	Brasília
menina 1	Susana	São Paulo
menina 2	Sílvia	Minas Gerais

A chave: Nem todas as dicas permitem identificar uma informação de modo imediato. Deve-se ter paciência e ir avançando aos poucos, voltando depois para retomar dicas já analisadas para ver se contribuem com algum dado novo.

32. | Procurando o culpado

As afirmações verdadeiras ou falsas são uma ótima pedida em problemas de lógica. É como brincar com o sinal de mais e menos na matemática, só que com palavras...

Material: Nenhum.

Dificuldade: Média/Alta.

Objetivos:
→ Desenvolver a inteligência e a agilidade mental.
→ Seguir uma ordem sistemática para a resolução de problemas que necessitarem disso.
→ Checar se a resposta bate com o enunciado do problema.

O JOGO

Quatro homens, sendo um deles o responsável pelo atropelamento de um pedestre com seu carro, fizeram as seguintes afirmações quando foram interrogados pelo policial de trânsito:

Antônio: "Foi o Bartolomeu".
Bartolomeu: "Foi o Diego".
Carlos: "Não fui eu".
Diego: "O Bartolomeu está mentindo dizendo que fui eu".

Se três deles estão mentindo e um está dizendo a verdade,

- Quem atropelou o coitado do pedestre?

Dica: Deve-se presumir que primeiro Antônio é quem diz a verdade e ver o que acontece com as afirmações de todos, e continuar assim, suspeito por suspeito, até encontrar a solução.

Solução: Se Antônio disse a verdade, então há 3 afirmações verdadeiras e 1 falsa, o que não bate com o enunciado. Se é Bartolomeu quem está falando a verdade, há 2 mentiras e 2 verdades. Se foi o Diego, há 2 mentiras e 2 verdades. E, se foi Carlos, há 3 mentiras e 1 verdade, o que condiz com o que foi narrado. Assim, Carlos foi o responsável pelo atropelamento.

Variação: Pode-se também abordar o desafio da seguinte forma: se três deles dizem a verdade e um mente, então quem atropelou o pedestre? Nesse caso, Bartolomeu seria o responsável pelo atropelamento.

A chave: Adotar uma ordem sistemática quando for resolver o problema e checar se a solução bate com as condições requisitadas.

33. | Um dia complicado

Outra fonte de inspiração para os problemas de lógica são os dias da semana ou os meses do ano. Costumam ser bastante simples e, portanto, adequados como ponto de partida para a resolução de jogos de lógica.

Material: Nenhum (papel e lápis opcionais).
Dificuldade: Baixa.
Objetivos:
→ Aplicar métodos indutivos e dedutivos.
→ Esquematizar a resolução de um problema.
→ Resolver passo a passo um problema lógico.

O JOGO

Se hoje não é o dia que vem depois da segunda-feira ou o dia que vem antes da quinta-feira; se amanhã não é domingo e ontem também não foi; se depois de amanhã não será sábado e anteontem não foi quarta-feira,

- Que dia da semana é hoje?

Dica: Ir de frase em frase descartando os diversos dias da semana até finalmente encontrar a solução.

Solução: Se hoje não é o dia que vem depois da segunda-feira, quer dizer que hoje não é terça.
Se hoje não é o dia que vem antes da quinta-feira, quer dizer que hoje não é quarta.
Se amanhã não é domingo, hoje não é sábado.
Se ontem não foi domingo, hoje não é segunda-feira.
Se depois de amanhã não será sábado, hoje não é quinta-feira.
Se anteontem não foi quarta-feira, hoje não é sexta.
Só nos resta o domingo. Hoje é domingo.

A chave: Passo a passo, avançar com paciência, checando se a solução bate com o enunciado.

34. | As notas da prova

Notas de prova tiradas por várias pessoas também se prestam à ordenação, contribuindo para a elaboração de problemas de lógica. Os alunos, então, veem-se diante de situações cotidianas para eles (as qualificações obtidas no exame) e parecem raciocinar com maior desenvoltura.

Material: Papel e lápis.
Dificuldade: Média.
Objetivos:
→ Aplicar métodos indutivos e dedutivos.
→ Resolver problemas lógicos por meio de estratégias adequadas.
→ Classificar e organizar dados.

O JOGO

Seis alunos, Vítor, Júlio, Tiago, Maria, Henrique e Pedro, receberam os resultados da última prova de Matemática de uma forma um pouco incomum. Eles apenas sabem que:

1) Vítor e Júlio têm a mesma nota.
2) A nota de Júlio é maior do que a de Tiago.
3) A nota de Tiago é menor do que a de Maria.
4) Henrique tirou uma nota melhor do que Júlio, mas pior do que Maria.
5) Pedro tirou uma nota melhor do que Maria.

- Você é capaz de ordenar os seis alunos de acordo com suas notas, da maior para a menor?

Dica: Deve-se organizar em uma linha os nomes dos alunos por ordem, de acordo com o que apontam as dicas, deixando um grande espaço entre elas para situar mais nomes até completar as notas dos seis.

Solução: A ordem é a seguinte: Pedro tirou a melhor nota, seguido por Maria, Henrique, Vítor e Júlio empatados, e, por último, com a pior nota, Tiago.

A chave: Resolver o problema passo a passo, levando em conta que a ordem das dicas fornecidas não é o que necessariamente nos levará à solução.

35. | Meu aniversário

Alguns problemas podem inicialmente parecer muito complicados por causa de seu breve enunciado, que os deixam confusos logo de início, mas, uma vez que o tivermos lido com calma, a coisa muda de figura.

Material: Papel e lápis.
Dificuldade: Média/Baixa.
Objetivos:
→ Identificar corretamente o problema e os dados transmitidos.
→ Não se precipitar ao resolver um problema.
→ Comprovar a validez dos resultados encontrados contrastando-os com a situação de partida.

O JOGO

Neste ano, um dia depois do meu aniversário, seria correto afirmar: "Depois de amanhã é quinta-feira".

- Em que dia da semana foi meu aniversário?

Dica: Para chegar à solução, às vezes é mais fácil trabalhar com o problema de trás para frente.

Solução: Se depois de amanhã é quinta-feira, quer dizer que hoje é terça; e como meu aniversário foi ontem, ele caiu em uma segunda-feira.

A chave: Convém verificar se a resposta que encontramos bate com o que foi dito, assim, voltamos ao enunciado do problema e checamos se nossa solução satisfaz todos os requisitos para ser correta. Senão, vejamos.
Se meu aniversário foi na segunda-feira – minha resposta –, "um dia depois do meu aniversário", ou seja, terça-feira, seria correto dizer "depois de amanhã é quinta-feira". Tudo se encaixa, portanto, a resposta está certa.

36. | Às compras

Para resolver alguns problemas de lógica é necessário, em primeiro lugar, organizar e classificar os dados fornecidos, criar uma tabela ou esboço adaptado ao jogo e, só então, pensar em resolver o enigma apresentado.

Material: Papel e lápis.
Dificuldade: Média/Alta.
Objetivos:
→ Distinguir quais dados são conhecidos e quais fazem falta para a resolução de um problema.
→ Classificar os dados, apresentando-os e tratando-os de forma organizada e clara.
→ Encontrar relações entre os dados obtidos.

O JOGO

Jacinto, Luísa, Maria e Sara foram às compras em uma loja de departamentos. Eles compraram um guarda-chuva, um livro, um lápis e um disco, não necessariamente nessa mesma ordem.

As compras foram realizadas no 5º, 6º, 8º e 9º andares, também não necessariamente nessa ordem.

Entretanto, sabemos com certeza o seguinte:
- Jacinto foi ao 5º andar.
- Os guarda-chuvas são vendidos no 9º andar.
- Maria foi ao 6º andar.
- Luísa comprou um livro.
- Jacinto não comprou um disco.

- Com essas informações queremos saber o que cada um comprou e em que andar. Pode nos dizer?

Dica: Comece fazendo uma tabela na qual, de um lado, nas linhas, apareçam os personagens do jogo, deixando um espaço reservado para as compras, e, do outro, nas colunas, os andares, além de um espaço para os objetos.

Solução: Com os dados iniciais, podemos construir a seguinte tabela:

	5º	6º	8º	9º	*Objeto*
Jacinto	Sim				Disco não
Luísa					Livro
Maria		Sim			
Sara					
Objeto				Guarda-chuva	

A partir disso, podemos deduzir que:

- O guarda-chuva não foi comprado nem por Jacinto (já que este comprou no 5º andar e o guarda-chuva é vendido no 9º andar), nem por Luísa (que comprou um livro), nem por Maria (que comprou no 6º andar), portanto, foi comprado por Sara (no 9º andar).
- O livro só pode ser comprado no 8º andar.
- O disco só pode ter sido comprado por Maria.
- Jacinto comprou o lápis.

No final, a tabela fica assim:

	5º	6º	8º	9º	*Objeto*
Jacinto	Sim				Lápis
Luísa			Sim		Livro
Maria		Sim			Disco
Sara				Sim	Guarda-chuva
Objeto	Lápis	Disco	Livro	Guarda-chuva	

A chave: Uma boa tabela, desenho ou esquema é vital como ponto de partida para a resolução de problemas. Depois, basta seguir passo a passo, deduzindo o que for possível, levando em consideração que determinadas conclusões nos levarão a outras, até completar e finalizar o enigma proposto.

Anedota: Os vencedores da grande final do concurso de jogos mentais 2010 da Catalunya Ràdio elaboravam desenhos e esquemas para todos os enigmas propostos, enquanto que as demais duplas nem sempre o faziam.

37. | Não fui eu

Um tipo de jogo de lógica bastante interessante é aquele que mistura afirmações e negações ou verdades e mentiras que se deve saber gerenciar bem para esclarecer algo do enunciado e, assim, encontrar a solução.

Material: Papel e lápis.
Dificuldade: Média.
Objetivos:
→ Aplicar métodos indutivos e dedutivos.
→ Estimular a perseverança e a flexibilidade na busca por soluções para as situações apresentadas.
→ Buscar por diversas estratégias para encontrar a solução para um problema.

O JOGO

Quatro meninos estavam jogando bola na praça quando um deles deu um chute tão ruim na bola que acabou quebrando o vidro de uma janela.

Quando o dono da casa saiu, os meninos disseram:

Alberto: Não fui eu!
Benjamim: Eu também não!
Carlos: Foi o Daniel!
Daniel: Foi o Benjamim!

O proprietário da casa, que conhece bem os garotos, sabe que somente um deles não disse a verdade, portanto, descobrirá em um piscar de olhos quem foi o responsável.

- E você, sabe quem foi?

Dica: Veja bem, se um dos garotos não diz a verdade, é ele que é o culpado. Os demais dizem o que, de fato, aconteceu.

Solução: Tem de ser Carlos ou Daniel, pois um contradiz o outro e sabemos que um deles está mentindo, portanto, já podemos descartar Alberto e Benjamim. E Daniel não pode estar falando a verdade porque já sabemos que não foi Benjamim. Assim, Carlos disse a verdade: foi o Daniel, é ele quem está mentindo.

A chave: Deve-se ir descartando os meninos aos poucos para buscar por aquele que está mentindo e não se esquecer que não se está perguntando quem está mentindo, mas quem quebrou o vidro da janela, embora, nesse caso, as respostas coincidam. Também é possível solucionar este problema indo de menino em menino – considerando como o mentiroso um por um – e verificando se as outras três afirmações, que devem ser verdadeiras, encaixam-se.

38. | Confusão de cartas

Os problemas com cartas nos oferecem muitas possibilidades de jogos de lógica, de adivinhação, de estratégia etc., por isso, são uma boa opção a considerar. Agora que chegamos ao final deste capítulo colocaremos à prova os conhecimentos adquiridos nesta seção.

Material: Papel e lápis.
Dificuldade: Alta.
Objetivos:
→ Elaborar um esquema claro e preciso para a coleta de dados e sua posterior elaboração.
→ Comprovar a validez dos resultados encontrados contrastando-os com a situação de partida.
→ Corrigir os erros encontrados.

O JOGO

Retiramos quatro cartas de um baralho — um ás, um três, um rei e uma rainha — e as dispomos em uma fileira, uma ao lado da outra.

Precisamos saber de que naipe é cada carta, bem como sua posição, sendo que, para isso, contamos com os seguintes dados:

- A carta de espadas está à direita da de ouro.
- A carta de paus está imediatamente à esquerda do rei ou da rainha.
- O rei está imediatamente à direita de uma carta vermelha.
- A carta que está na extremidade direita não é de copas.
- Uma das duas cartas centrais é o três.
- O rei e a rainha não estão juntos.

• De que naipe é cada carta?

Dica: Lembre-se de que os naipes são os seguintes: ouro e copas (vermelhos) e paus e espadas (negros).
Se necessário, também pode-se ir experimentando por tentativa e erro, buscando sempre que a solução final se encaixe com o enunciado. Nesse caso, uma vez encontrada a resposta, procure saber de onde você poderia ter extraído mais informação sem recorrer às tentativas.

Solução:
As cartas estão posicionadas da seguinte forma:
Ás de paus | Rainha de copas | Três de ouro | Rei de espadas.

A chave: Reside na construção de um quadro que nos ajude a ir deduzindo as cartas, sua posição e a que naipe correspondem. Poderia ser o seguinte, que inclui os dados iniciais:

	♦	♥	♠	♣	1°	2°	3°	4°
Às								
Três					Não			Não
Rei					Não			
Rainha								
1°				
2°				
3°				
4°		Não		Não

Completo, o quadro ficaria assim:

	♦	♥	♠	♣	1°	2°	3°	4°
Às				Sim	Às			
Três	Sim				Não		Três	Não
Rei			Sim		Não			Rei
Rainha		Sim				Rainha		
1°				Sim
2°		Sim		
3°	Sim			
4°		Não	Sim	Não

39. | Um caso real

Embora o raciocínio lógico e a agilidade mental não sejam próprios de muitos políticos nos dias de hoje, às vezes, alguns deles, para atacarem seus adversários, empregam manobras como a que se segue.

Material: Papel e lápis.
Dificuldade: Média/Alta.
Objetivos:
→ Ler atentamente o enunciado para compreender e identificar as questões apresentadas.
→ Realizar esquemas gráficos para a resolução do problema.
→ Fornecer uma explicação final, clara e contundente, sobre o processo e as conclusões obtidas.

O JOGO

Leia a seguinte notícia publicada em um jornal:

Cadeia de rádio SER denuncia que o neto da irmã da mãe do sogro de Zaplana possui um restaurante

SER versus Zaplana: do restaurante do neto da irmã da mãe do sogro à Terra Mítica

O "furo" da SER sobre as gravações que implicariam Zaplana na suposta cobrança de comissões no caso Terra Mítica não foram a única exclusiva da emissora, que tem tentado associar o político a casos de corrupção.

Semanas antes, a cadeia de rádio destacara a última atuação da Fiscalização do Tribunal de Contas no que dizia respeito à adjudicação de uma campanha publicitária sobre pensões no ano de 2003, quando Zaplana era ministro do Trabalho.

Sobre o caso Fabra, denunciado pela emissora também em 2003, enfatizava-se que o membro do Partido Popular foi funcionário de alto escalão do ex-presidente da Comunidade Valenciana.

Em 2005, a emissora tentou novamente trazer o assunto à tona ao revelar o "escândalo" de que o neto da irmã da mãe do sogro de Zaplana tinha aberto um restaurante em terreno público quando o deputado tinha oito anos!" (Libertad Digital, 15/05/2006)

- Depois de ler a notícia, você pode nos dizer qual é o parentesco real que existe entre os envolvidos no escândalo?

Dica: Montar uma ampla árvore genealógica para primeiro reconstituir a cronologia, para depois chegar à época mais recente.

Solução: Estão aparentados por três gerações. São primos muito, muito distantes.

A chave: Uma vez mais, está na criação de um esquema que, neste caso, deve ser bem amplo para que os dados não se amontoem uns sobre os outros.

Anedota: Sem dúvida, é a de que, na política, empregam-se problemas de lógica para perturbar seus adversários. Primeiro, deve-se checar se quem acusa sabe o que está dizendo e, depois, se os demais são capazes realmente de discernir a informação que lhes é passada.

40. | No parque

A utilização de tabelas para resolver problemas de lógica ajuda a simplificá-los e a realizar deduções que, pouco a pouco, vão nos aproximando da solução final. Alguns são mais simples, como o do caso a seguir, e outros, mais complexos, como veremos adiante.

Material: Papel e lápis.
Dificuldade: Média/Alta.
Objetivos:
→ Traduzir o enunciado para a linguagem lógica (construção de tabelas).
→ Descobrir um método que permita chegar à solução.
→ Esquematizar a resolução (escolher a estratégia) e resolver o problema (aplicar a estratégia).

O JOGO

Maria, Dora, Silvia, Elsa e Noemi estão sentadas em um banco do parque. Maria não está sentada à extrema direita e Dora não está sentada à extrema esquerda. Silvia não está sentada em nenhuma das extremidades. Noemi não está sentada perto de Silvia, e Silvia não está sentada perto de Dora. Elsa está sentada à direita de Dora, mas não necessariamente perto dela.

- Quem está sentada à extrema direita?

Dica: Criar uma tabela e situar, no eixo das ordenadas, os nomes das amigas, e, nas abscissas, a ordem na qual se sentam.

Solução: Se criarmos uma tabela para descartar as possibilidades, obteremos:

Maria			**MARIA**		NÃO
Dora	NÃO	**DORA**	NÃO		NÃO
Silvia	NÃO	NÃO	NÃO	**SILVIA**	NÃO
Elsa	NÃO	NÃO			**ELSA**
Noemi	**NOEMI**	NÃO		NÃO	

Em negrito, a única opção possível. Se, a princípio, tentarmos colocar Silvia no lugar de Dora, as condições propostas pelo enunciado não se cumprirão.
Portanto, Elsa está à extrema direita.

A chave: A situação das abscissas – a ordem em que se sentam as garotas – nos ajuda a visualizar melhor o problema, facilitando sua resolução final.

III

Jogos de Estratégia e Paciência

Como trabalhar com os jogos de estratégia e paciência

Na Antiguidade, os chineses tinham fascinação por jogos de estratégia e paciência, como os quadrados mágicos; o mesmo acontecia com os gregos, com quem compartilhavam também um grande interesse pela numerologia e o misticismo em torno dos números.

Na já então poderosa China, onde foram encontrados os quadrados mágicos antigos mais bem documentados, havia uma atração por padrões numéricos e a análise combinatória associada a eles. Esses quadrados eram usados como amuletos cuja missão era proteger de muitas enfermidades aqueles que os portavam. O quadrado mágico mais antigo de que se tem conhecimento é o chamado Io Shu, que, segundo a lenda, foi encontrado pelo imperador no ano 2200 a.C. sobre a carapaça de uma tartaruga divina que caminhava pelo Rio Amarelo.

Nos dias de hoje, o fascínio oriental por esse tipo de jogo disseminou-se por todos os cantos do planeta e são muitas as pessoas ao redor do mundo que se divertem dedicando alguns minutos diariamente a exercitar a mente com esses desafios.

Por outro lado, vivemos em um mundo de constantes mudanças que, na maioria das vezes, ocorrem em um ritmo alucinante.

É nesse cenário de imediatismo no qual estamos imersos que os jogos de paciência e estratégia representam um remanso de tranquilidade, obrigando a quem quer que se proponha a resolvê-los a reservar alguns breves instantes (às vezes mais tempo) para considerar uma situação concreta. Algo que, para muitos, decerto pode significar uma experiência inteiramente nova.

Por isso, esses tipos de jogos são hoje mais imprescindíveis do que nunca. Eles servem para que nos familiarizemos com aquela sensação momentânea de desligamento deste mundo que gira tão depressa para que reflitamos e divaguemos sobre um problema concreto, sem que busquemos por uma resposta instantânea.

Tal é a situação que até criaram uma página na internet que nos ajuda a constatar que nos tempos em que vivemos não sabemos ficar parados por meros dois minutos.

E, especialmente quando estamos navegando na internet – com tantos textos para ler, vídeos para assistir, e-mails para responder –, parece mesmo impossível ficar parado. Nem que seja por dois minutinhos.

O criador do site "Do Nothing for 2 minutes" [Não faça nada por 2 minutos], Alex Tew, faz uma perturbadora análise: "Fiquei pensando em como utilizamos cada minuto do dia quando temos acesso ilimitado à informação, até chegar ao ponto da sobrecarga. Li também em algum lugar que nossos cérebros estão viciados na web porque um pequeno estímulo de dopamina é gerado toda vez que recebemos um novo e-mail, ou uma atualização no Facebook ou Twitter. Portanto, estamos todos desenvolvendo, em maior ou menor grau, TDAH (Transtorno do Déficit de Atenção com Hiperatividade)".

A novidade que nos propõe esse site é a autodescoberta sobre quanto nos custa relaxarmos e não fazer nada durante esse breve período. Para muitos, esse negócio de "Não faça *nada* por 2 minutos" representa um grande desafio.

Tanto a paciência como a estratégia necessitam de tempo e treinamento adequados, os quais não podemos renunciar. E exercitando-se um pouco pode-se conseguir uma rápida melhora, o que é facilitado pelo fato de que muitos desses jogos possuem múltiplas variações e podem ser propostos com dificuldade progressiva, o que também beneficia a aprendizagem.

Procedimentos, conceitos e atitudes

Os jogos de estratégia e paciência podem nos ajudar a trabalhar alguns dos seuintes procedimentos, conceitos e atitudes:

- Ter perseverança e flexibilidade na busca por soluções matemáticas para as situações apresentadas.
- Esquematizar a resolução (escolher a estratégia) e resolver o problema (aplicar a estratégia).
- Buscar por critérios que permitam efetuar ordenações em um conjunto de objetos.
- Escolher elementos que satisfaçam uma determinada propriedade em um conjunto de objetos.
- Buscar por estratégias que permitam solucionar um problema de uma maneira simples e rápida.
- Empregar uma estratégia já conhecida diante de uma situação nova.

- Realizar tentativas até encontrar a solução.
- Realizar cálculos precisos e aproximados, mentalmente e por escrito.
- Não abandonar a busca pela solução quando a estratégia escolhida a princípio não tiver sido adequada.
- Ler atentamente o enunciado para compreender e identificar as questões apresentadas.
- Assumir uma atitude crítica diante da informação que se recebe.
- Identificar problemas e elaborar estratégias para resolvê-los mediante processos intuitivos e de raciocínio lógico.
- Buscar, por meio de repetidas tentativas, valores que se aproximem melhor do resultado.
- Representar e compreender figuras planas.
- Reconhecer e reconstruir objetos ou palavras dadas as suas partes.
- Checar se a resposta bate com o enunciado do problema.
- Distinguir a informação útil ou pertinente da não pertinente para a resolução do problema.
- Deixar a imaginação correr solta em busca de novas soluções aos desafios propostos.

41. | O muro

Os jogos de reconstrução de séries, sejam elas numéricas ou não, permitem desenvolver todo tipo de estratégias para sua resolução. Além disso, não costuma haver somente uma forma de se chegar à resposta, portanto, todas são igualmente válidas. Assim, é importante não apenas completar a série, mas também observar como os demais o fizeram para aprender diferentes maneiras de abordar o mesmo problema.

Material: Papel e lápis.
Dificuldade: Média.
Objetivos:
→ Ter perseverança e flexibilidade na busca por soluções matemáticas para as situações apresentadas.
→ Esquematizar a resolução (escolher a estratégia) e resolver o problema (aplicar a estratégia).
→ Realizar tentativas até encontrar a solução.

O JOGO

Complete o muro de modo que o número que há em cada tijolo seja a soma dos números dos dois tijolos que estão abaixo dele.

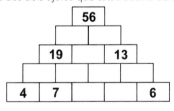

Dica: E se você tentar começar pelo centro do muro? Eis o X da questão.

Solução:

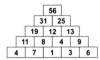

A chave: Consiste em descobrir qual número encontra-se entre o 19 e o 13. Se atribuímos a esse número o valor de x, não é difícil perceber que: $19 + 13 + 2x = 56$. Portanto, x é igual a 12. A partir daí, fica fácil preencher os demais tijolos. Sem dúvida, há outras formas de solucionar o jogo, tão boas quanto esta.

42. | Quinze

Além dos quadrados mágicos, há outros tipos de jogos que reúnem características similares e que, por serem mais simples, permitem a iniciação em desafios um pouco mais complicados, como os sudokus e os próprios quadrados mágicos.

Material: Papel e lápis.

Dificuldade: Baixa.

Objetivos:
- → Buscar por critérios que permitam efetuar ordenações em um conjunto de objetos.
- → Buscar por estratégias que permitam solucionar um problema de uma maneira simples e rápida.
- → Ter perseverança e flexibilidade na busca por soluções matemáticas para as situações apresentadas.

O JOGO

Preencha as casas em branco com números de 1 a 5 de forma que tanto as linhas horizontais quanto as verticais somem sempre 15.

1		2		3
4	2	5		1
	5	3	1	
5		1	4	
	1		2	5

Dica: Quanto dá 1 + 2 + 3 + 4 + 5? Siga esse raciocínio. E, quando encontrar a solução, veja como os números estão dispostos.

Solução:

1	4	2	5	3
4	2	5	3	1
2	5	3	1	4
5	3	1	4	2
3	1	4	2	5

A chave: Estamos diante de uma espécie de sudoku bem simples, de apenas um quadro, ideal para uma iniciação nesse tipo de jogo.

43. | Quadrado mágico

Os quadrados mágicos remontam à China Antiga e consistem em uma série de números que devem ser posicionados em um quadro de modo que a adição dos números de cada uma das fileiras, das colunas e das duas diagonais principais resultem na mesma soma.

Material: Papel e lápis.

Dificuldade: Média.

Objetivos:
→ Buscar por critérios que permitam efetuar ordenações em um conjunto de objetos.
→ Escolher elementos que satisfaçam uma determinada propriedade em um conjunto de objetos.
→ Ter perseverança e flexibilidade na busca por soluções matemáticas para as situações apresentadas.

O JOGO

Posicione cada conjunto de números em seu lugar no diagrama para formar um quadrado mágico no qual a soma de cada fileira, cada coluna e as diagonais principais seja 65.

Fornecemos o número do centro do quadro para que você não comece do zero.

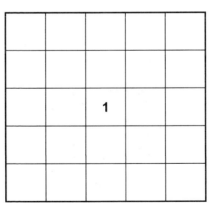

Estes são os conjuntos de números que devem ser posicionados tal como são:

15	17	14	24	11
22	9	19	6	7
2	16	20	12	

25	3	5	13	4
21	23	18	10	8

Dica: Complete primeiro a coluna do centro e prossiga de coluna em coluna até situar todos os conjuntos de números de modo que se cumpram todos os requisitos do enunciado.

Solução: O quadrado mágico fica assim:

14	3	11	13	24
19	23	7	10	6
20	15	1	17	12
4	22	25	9	5
8	2	21	16	18

A chave: Encaixar os conjuntos de números de coluna em coluna, começando pela do centro, de modo que cada uma delas some 65, assim como as diagonais.

44. | Sabe quem é?

Os quebra-cabeças são jogos que, para serem solucionados, necessitam de um pouco de observação, paciência e uma pequena dose de estratégia.

Há vários tipos e tamanhos. Temos aqui um simples e que não toma muito tempo para ser resolvido – e que serve, ainda, para introduzir um tema da literatura infantil.

Material: Papel e lápis.

Dificuldade: Baixa.

Objetivos:
→ Empregar uma estratégia já conhecida diante de uma situação nova.
→ Reconstruir objetos ou palavras dadas as suas partes.
→ Realizar tentativas até encontrar a solução.

O JOGO

Encaixe as peças no quadro em seus respectivos lugares e você revelará os nomes de três famosos personagens de contos infantis.

A primeira letra está aí de lambuja.

Os nomes dos três personagens estão separados por quadradinhos escuros.

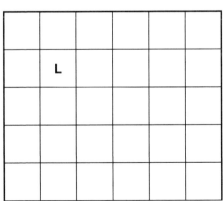

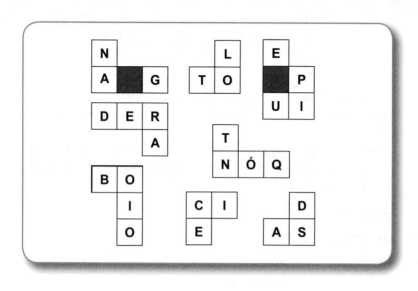

Dica: Observando as partes das palavras, tente descobrir quais são os personagens, pois assim será mais fácil completar o quadro.

Solução: Os personagens são, nesta ordem, Cinderela, Gato de Botas e Pinóquio.

C	I	N	D	E	R
E	L	A		G	A
T	O	D	E	B	O
T	A	S		P	I
N	Ó	Q	U	I	O

A chave: Reconhecer os personagens antes de começar a encaixar as peças. Identificar dois deles já é meio caminho andado.

45. | Minha amiga Sonia

Este jogo é semelhante ao sudoku, só que com letras, o que não deveria ser um empecilho para solucioná-lo com facilidade, já que letras e símbolos geralmente nos assustam menos do que números.

Isso nos lembra que podemos criar sudokus ou jogos similares trocando números por letras ou símbolos para nos familiarizarmos com eles.

Material: Papel e lápis.

Dificuldade: Média/Baixa.

Objetivos:
→ Escolher elementos que satisfaçam uma determinada propriedade em um conjunto de objetos.
→ Realizar tentativas até encontrar a solução.
→ Ter perseverança e flexibilidade na busca pela solução.

O JOGO

No quadro seguir, encaixe as letras que compõem o nome da minha amiga Sonia em cada uma das fileiras e colunas, uma letra por casa, de modo que não se repitam em nenhuma das fileiras, nem nas colunas ou nas diagonais principais.

Eu encontrei pelo menos duas soluções diferentes...

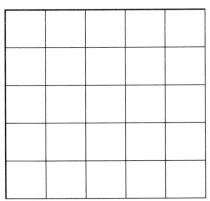

Dica: Comece pelas diagonais e depois vá completando o restante dos espaços iniciando por uma letra até completar o nome, depois com outra, e assim por diante. Lembre-se também de que há várias soluções.

Solução:

S	O	N	I	A
N	I	A	S	O
A	S	O	N	I
O	N	I	A	S
I	A	S	O	N

S	N	A	O	I
A	O	I	S	N
I	S	N	A	O
N	A	O	I	S
O	I	S	N	A

A chave: Começar pelas diagonais, escrevendo – por exemplo – em uma delas corretamente o nome e depois completar a outra diagonal. A partir daí, deve-se colocar primeiro todas as letras S – por exemplo –, em seguida as letras O, e assim sucessivamente, procurando situá-las nas fileiras e nas colunas que estejam mais cheias para não comprometer as opções de encaixar outras letras.

Anedota: Como acontece em muitos dos jogos que crio, os personagens escolhidos para protagonizá-los não costumam ser fictícios, mas amigos e conhecidos. Então, este é dedicado a Sonia, uma amiga de Lucerna, Suíça.

46. | Um litro

Os problemas com medidas de capacidade proporcionam muitos jogos que pedem experimentações e, portanto, requerem paciência, além de certa estratégia.

Tudo isso é adquirido com a experiência, então convém começar por problemas que sejam mais fáceis e depois partir para outros, mais complexos.

Material: Nenhum (papel e lápis opcionais).

Dificuldade: Média/Baixa.

Objetivos:
→ Realizar cálculos precisos e aproximados, mentalmente e por escrito.
→ Realizar tentativas até encontrar a solução.
→ Não abandonar a busca pela solução quando a estratégia escolhida a princípio não tiver sido adequada.

O JOGO

Você tem uma jarra de 5 litros, outra de 3 e água à sua disposição.

- Como faria para medir exatamente um litro?

Dica: Bastam dois passos para encontrar a solução.

Solução:
Primeiro, encha a jarra de 3 litros e esvazie seu conteúdo na de 5 litros.
Em seguida, volte a encher a jarra de 3 litros e, com ela, termine de encher a jarra de 5 litros. Dessa forma, sobrará um litro de água na jarra de 3 litros.

A chave: Não ficar obcecado em passar aleatoriamente a água de uma jarra para a outra. A imaginação no poder!

47. | Os quatro pontos

Muitas vezes aceitamos como válida a informação que nos foi fornecida e isso dificulta a resolução de problemas que são muito simples; portanto, convém ler bem o que foi pedido antes de colocar a mão na massa.

Material: Papel e lápis.
Dificuldade: Média/Baixa.
Objetivos:
→ Ler atentamente o enunciado para compreender e identificar as questões apresentadas.
→ Ter perseverança e flexibilidade na busca por soluções matemáticas para as situações apresentadas.
→ Assumir uma atitude crítica diante da informação que se recebe.

O JOGO

Una esses quatro pontos com três linhas retas sem levantar o lápis do papel nem passar duas vezes por um mesmo ponto, terminando no mesmo lugar de onde você partiu.

Dica: Em primeiro lugar, procure entender bem o que pede o enunciado e só então tente resolver o problema.

Solução: Como ninguém disse que você não podia extrapolar os limites marcados pelos quatro pontos, a solução é simples assim:

A chave: Não tentar interpretar o enunciado, mas segui-lo ao pé da letra. Ou seja, fazer o que se pede de fato, e não o que se acredita estar sendo pedido.

48. | Os nove pontos

Uma vez que compreendemos o funcionamento de um tipo de jogo de estratégia e/ou de paciência, podemos aumentar sua dificuldade para desenvolver nossas capacidades.

Material: Papel e lápis.

Dificuldade: Média.

Objetivos:
→ Ler atentamente o enunciado para compreender e identificar as questões apresentadas.
→ Ter perseverança e flexibilidade na busca por soluções matemáticas para as situações apresentadas.
→ Empregar uma estratégia já conhecida diante de uma situação nova.

O JOGO

Una esses nove pontos com quatro linhas retas sem levantar o lápis do papel nem passar duas vezes por um mesmo ponto. Desta vez, não é necessário começar e terminar o traçado no mesmo lugar; na verdade, é impossível fazer isso.

◎ ◎ ◎

◎ ◎ ◎

◎ ◎ ◎

Dica: Lembra do jogo anterior? Aqui você também pode extrapolar as margens do quadrado formado por esses nove pontos.

Solução: Se começarmos pelo ponto *E*:

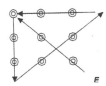

A chave: Quando já se conhece a estratégia de resolução que nos permite traçar linhas além do quadrado formado pelos nove pontos, fica muito mais fácil encontrar a resposta para o exercício, que nem por isso deixa de ser interessante.

49. | A família e o gatinho

Com certeza, você já conhece aquele famoso jogo do camponês que tem de atravessar o rio levando um lobo, uma ovelha e dois repolhos. Existem inúmeras variações desse enigma, todas bastante interessantes, pois cada uma pressupõe um novo desafio. Vejamos uma dessas variações.

Material: Papel e lápis.
Dificuldade: Média.
Objetivos:
→ Identificar problemas e elaborar estratégias para resolvê-los mediante processos intuitivos e de raciocínio lógico.
→ Esquematizar a resolução (selecionar a estratégia) e resolver o problema (aplicar a estratégia).
→ Buscar, por meio de repetidas tentativas, valores que se aproximem melhor do resultado.

O JOGO

Uma família chega até a margem de um rio. Tanto o pai quanto a mãe pesam 80 quilos cada um, e os filhos gêmeos, 40 quilos cada um. Não levam nenhum equipamento, mas têm um gatinho, que odeia água. Para cruzar o rio, dispõem de um pequeno bote que não aguenta mais do que 80 quilos.

• Como eles organizarão a travessia de modo que todos cheguem sãos e salvos até a outra margem?

Dica: Lembre-se de que o gatinho não pode guiar o bote.

Solução: Siga estes passos:
1) Primeiro, atravessam os dois irmãos e um deles retorna.
2) Então, o pai vai sozinho, fica do outro lado e o irmão que estava lá retorna.
3) Aí, novamente os dois irmãos atravessam e um deles retorna.
4) A mãe vai sozinha e um irmão retorna.
5) Os dois irmãos atravessam juntos mais uma vez e um deles retorna.
6) Agora, resta apenas um dos irmãos atravessar com o gatinho, já que o bote suporta o peso dos dois.

A chave: Está nos irmãos, que podem atravessar o rio de dois em dois. O gatinho não conta, já que não pode ir ou voltar sozinho.

50. | O carteiro

Existem muitos jogos de labirinto ou de percurso que devem ser completados passando-se por todas as casas e que requerem paciência, estratégia e astúcia. Nunca há dois iguais e cada um constitui um desafio por si só.

Material: Papel e lápis.
Dificuldade: Média/Baixa.
Objetivos:
- → Ter perseverança e flexibilidade na busca por soluções matemáticas para as situações apresentadas.
- → Não abandonar a busca pela solução quando a estratégia escolhida a princípio não tiver sido adequada.
- → Representar e compreender figuras planas.

O JOGO

Um carteiro deve entregar as cartas em cinco casas, que aparecem representadas no mapa pela letra C.

Qual caminho ele deve percorrer para ir de uma casa à outra, na ordem, levando em consideração que ao fim do percurso deverá ter passado por todos os espaços do mapa somente uma vez?

É permitido avançar apenas por casas contíguas, seja na vertical ou na horizontal, e não se pode avançar na diagonal.

C1			C4
	C2		
C3	C5		

Estratégia e Paciência

Dica: Uma linha reta, neste caso, não costuma ser a melhor opção para cumprir a tarefa de entregar as cartas.

Solução:

⇓	⇒	⇓	⇒	⇓
⇒	⇑	⇓	⇑	⇓
⇓	⇐	⇐	⇑	⇓
⇓	⇒	⇒	⇑	⇓
⇒	⇑	C5	⇐	⇓

A chave: Deve-se ir buscando os percursos alternativos que não bloqueiem caminhos posteriores. É preciso paciência e várias tentativas até encontrar a resposta.

51. | Gafanhoto

Os jogos de tentativa e erro que requerem uma determinada estratégia são um bom entretenimento que ajuda a colocar à prova nossa paciência, algo que hoje em dia parece esquecido em um mundo cada vez mais regido pelo imediatismo.

Material: Papel e lápis. Uma moeda ou outro objeto pequeno.

Dificuldade: Média/Baixa.

Objetivos:
→ Ter perseverança e flexibilidade na busca por soluções matemáticas para as situações apresentadas.
→ Buscar, por meio de repetidas tentativas, valores que se aproximem melhor do resultado.
→ Não abandonar a busca pela solução quando a estratégia escolhida a princípio não tiver sido adequada.

O JOGO

O jogo começa na primeira casa do canto superior esquerdo do quadro. Você deve pular a quantidade de casas indicadas pelo número do quadrado no qual se encontrar. Só é permitido pular casas na vertical ou na horizontal, e sem passar mais de uma vez por uma mesma casa. O objetivo é chegar à casa situada no canto inferior direito do quadro.

3	6	4	3	2	4	3
2	1	2	3	2	6	2
2	3	4	3	4	2	3
2	4	4	3	4	2	2
4	5	1	3	2	5	4
4	3	2	2	4	5	6
2	5	2	5	6	1	

Dica: Tente fazer uma parte do percurso de trás para frente, do fim até o começo.

Solução: Uma possível solução seria a seguinte, mas certamente existem outras, mais complexas.

3						
			3			
		3				
				4		
					1	■

A chave: Tanto faz ir do início ao fim como do fim ao início, ou percorrer uma parte do caminho desde o início e mais outra parte desde o fim para buscar por onde os pontos se encontram.

52. | Números inimigos

Na Matemática, existe o conceito de números amigos. No entanto, não falaremos deles agora, e sim, do contrário: números que não querem nem "se ver pintados".

Material: Papel e lápis.

Dificuldade: Média.

Objetivos:
→ Realizar tentativas até encontrar a solução.
→ Não abandonar a busca pela solução quando a estratégia escolhida a princípio não tiver sido adequada.
→ Checar se a resposta bate com o enunciado do problema.

O JOGO

Coloque em cada casa os números de 1 a 8, de modo que nenhum fique em contato pelos lados ou pela diagonal com o número imediatamente anterior ou posterior a ele.

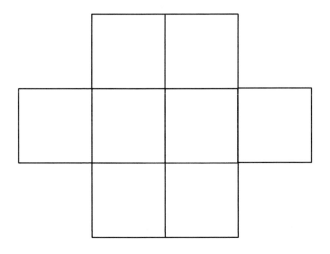

Estratégia e Paciência

Dica: Comece pelas casas centrais. Que números você colocaria nelas?

Solução:

	5	3	
2	8	1	7
	6	4	

E todas as que guardem simetria com esta.

A chave: Deve-se colocar o número mais alto e o número mais baixo nas casas centrais, para obedecer os requisitos de vizinhança estipulados no enunciado.

Curiosidade: *Números amigos* são dois inteiros positivos *a* e *b* tais que *a* é igual à soma dos divisores próprios de *b* e *b* é igual à soma dos divisores próprios de *a* (o 1 é considerado divisor próprio, mas o próprio número não).

Um exemplo é o par 220 e 284, já que:

- Os divisores próprios de 220 são 1, 2, 4, 5, 10, 11, 20, 22, 44, 55 e 110, que somam 284.
- Os divisores próprios de 284 são 1, 2, 4, 71 e 142, que somam 220.

Para os pitagóricos, os números amigos eram dotados de propriedades místicas. Na Idade Média, existia a crença de que se fossem servidas refeições a duas pessoas ao mesmo tempo, porém em lugares diferentes, e a comida de uma delas contivesse a inscrição 220 e, a da outra, o número 284, elas se tornariam amigas por arte da magia[3].

E se um número é amigo de si mesmo (é igual à soma de seus divisores próprios, sem incluir a si mesmo), recebe o nome de número perfeito.

Assim, 6 é um número perfeito, pois seus divisores próprios são 1, 2 e 3; e 6 = 1 + 2 + 3.

Os próximos números perfeitos depois desse são 28, 496 e 8128.

---

3. De fato, os números 220 e 284 foram muito cultuados durante a Idade Média por serem os únicos números amigos dos quais se tinha conhecimento até então. Eles eram gravados em diversos materiais e utilizados como talismã, chegando inclusive a ser inscritos em alimentos, pois acreditava-se que serviam como afrodisíaco. Em 1636, entretanto, o matemático Pierre de Fermat descobriu um novo par, 17.296 e 18.416. O terceiro foi descoberto por Descartes, 9.363.584 e 9.437.056. E, por fim, o matemático suíço Leonard Paul Euler desenvolveu uma série de equações para encontrar números amigos, descobrindo um total de 62 pares. Em 1866, um estudante italiano de 16 anos, Niccolò Paganini, descobriu um par que passara despercebido por todos esses grandes matemáticos: 1.184 e 1.210 [N.T.].

53. | O movimento do cavalo

O xadrez é um jogo muito interessante sob o ponto de vista pedagógico. Existem jogos em pequena escala que seguem algumas de suas regras, como os de completar com o movimento do cavalo um percurso quadrado, que – além disso – pode ocultar uma mensagem.

Material: Uma moeda ou ficha (opcional).
Dificuldade: Baixa.
Objetivos:
→ Empregar uma estratégia já conhecida diante de uma situação nova.
→ Reconhecer ou reconstruir objetos ou palavras dadas as suas partes.
→ Não abandonar a busca pela solução quando a estratégia escolhida a princípio não tiver sido adequada.

Estratégia e Paciência

O JOGO

Utilizando movimentos do cavalo de xadrez você deve completar sílaba a sílaba uma frase passando por todas as casas do tabuleiro. Lembre-se de que o movimento do cavalo é realizado avançando-se duas casas na vertical ou na horizontal e, em seguida, uma casa perpendicular à direção anterior.

Você deve começar na casa do canto superior esquerdo.

VO	ES	PA	MA	NUN
DA	ÇÃO.	CÊ	NÃO	LÂM
FRE	NI	GI	CA	I
NA	DA	UM	A	POIS
GÊ	GOU	O,	SUA	VIU

Dica: O ponto-final indica onde o percurso deve ser concluído.

Solução: A frase diz: "Você nunca viu um gênio, pois não esfregou a lâmpada da sua imaginação".

A chave: Procurar completar as palavras, descobrindo que vocábulos podem ser formados com as sílabas que restarem. Como estratégia, podemos considerar quais das nossas opções de movimento têm lógica e dão sentido à frase que estamos construindo. Aqui, também é uma boa ideia realizar o percurso de trás para frente até emendar a parte final com a parte inicial da frase.

54. | Barometria

Há problemas ao alcance de todos que necessitam apenas de perspicácia e paciência para serem resolvidos, muito embora, às vezes, pareçam exigir que se seja um gênio para encontrar a solução. Esses jogos podem nos ajudar a divertir os outros e iniciá-los no apaixonante mundo da ciência, da matemática, da lógica etc.

Material: Nenhum.

Dificuldade: Média/Alta.

Objetivos:
- → Ler atentamente o enunciado para compreender e identificar as questões apresentadas.
- → Distinguir a informação útil ou pertinente da não pertinente para a resolução do problema.
- → Deixar a imaginação correr solta em busca de novas soluções aos desafios propostos.

O JOGO

Estou diante do edifício mais alto da minha cidade e gostaria de saber quanto exatamente ele mede.

Para descobrir sua altura, disponho de uma régua de 10cm e de um barômetro que, como você sabe, mede a pressão atmosférica.

Em apenas cinco minutos, já descobri três formas de medi-lo somente com o barômetro – e olha que nem físico eu sou.

- Será que você também consegue descobrir alguma forma de medir a altura?

Dica: Além de medir a pressão atmosférica, o barômetro possui várias outras funções.

Solução: Eis as minhas três soluções:

1) Jogo o barômetro do terraço e observo quanto tempo ele demora para se espatifar lá no chão. A partir daí, fica fácil calcular a altura do edifício.
2) Se estiver fazendo sol, calculo a relação entre o comprimento da sombra projetada pelo barômetro e sua altura; depois, aplico a mesma relação ao edifício e à sombra que ele produz.
3) Procuro o arquiteto do edifício e lhe ofereço o barômetro em troca da informação sobre a altura do edifício.
E por aí vai...

A chave: Buscar alternativas criativas que se ajustem ao enunciado do problema. Muitas vezes, problemas aparentemente muito complexos têm soluções bastante simples, basta apenas saber enxergá-las.

55. | Impossível?

Muitos jogos com figuras geométricas consistem em dividi-las em um determinado número de partes iguais, o que não quer dizer que sejam simétricas. São divertidos e requerem paciência, já que não é comum encontrarmos a resposta de primeira.

Material: Papel e lápis.

Dificuldade: Baixa.

Objetivos:
→ Ler atentamente o enunciado para compreender e identificar as questões apresentadas.
→ Distinguir a informação útil ou pertinente da não pertinente para a resolução do problema.
→ Não abandonar a busca pela solução quando a estratégia escolhida a princípio não tiver sido adequada.

Estratégia e Paciência

O JOGO

Como dividir o quadrado abaixo em cinco partes iguais? As cinco partes têm de ser exatamente iguais. Você é capaz de fazer isso?

Dica: Puxa, você precisa mesmo de uma dica? O enigma é muito mais simples do que se pode imaginar.

Solução: Pode ser tanto com linhas verticais como assim:

A chave: Muitos problemas possuem uma solução muito mais simples do que imaginamos. Basta compreender o que nos é pedido e identificar os dados de que dispomos. Tempere tudo com um pouco de bom-senso e *voilà*!

IV

Jogos de Memória e Observação

Como trabalhar com os jogos de memória e observação

Há tempos a capacidade de memorização tende a ser menosprezada na área da educação; entretanto, ela é essencial em nosso cotidiano. Quem, nos dias de hoje, não precisa decorar senhas de cartões de crédito, números de celulares, endereços etc.? Como fazer isso se não exercitamos nossa memória?

Acaso podemos ignorar que todos os aspectos de nossa vida dependem em certo grau da memória? Ela nos permite caminhar, estudar, relaxar, comunicarmo-nos e reconhecer nossos familiares. Na verdade, seja lá o que façamos, sempre há algum processo relacionado à memória.

Às vezes, esquecemos as chaves do carro ou de casa, ou então o celular. Ou recebemos algumas instruções no trabalho e, cinco minutos depois, metade delas simplesmente nos fugiu da cabeça. Ou lembramo-nos agora de que amanhã temos de realizar alguma tarefa, mas, no dia seguinte, esquecemo-nos dela por completo. Esses lapsos nos preocupam tanto que chegamos a temer que nossa memória esteja começando a falhar. E, muito provavelmente, estamos enganados, já que a memória é como um músculo: devemos aprender a exercitá-la de modo apropriado, contínuo e progressivo.

Segundo especialistas em neurolinguística, as pessoas são divididas em três categorias: cinestésicas, visuais e auditivas, considerando que alguns sentidos predominam sobre outros. Indivíduos cinestésicos se fiam mais no tato e nos movimentos; os visuais, na visão; e os auditivos, na audição.

Em nossa mente, podemos distinguir três tipos de *memória*: a memória sensorial; a memória de curto prazo, também chamada de imediata ou de trabalho; e a memória de longo prazo.

Existem muitos métodos para memorizar as coisas (método do exagero, do conto, do poema, das cores, da releitura etc.), porém, quando todos eles falham, podemos usar um bem simples, que é o "método da agenda". Nada mais fácil do que carregar uma agenda ou um bloquinho para ir anotando as obrigações, as tarefas que devem ser realizadas, os documentos a serem preparados, as ligações que precisam ser feitas, os compromissos com outras pessoas etc. Os jogos simples de atenção e memória são uma maneira fácil e eficaz de exercitar o nosso cérebro, além de nos ajudarem a melhorar a capacidade de memorização na hora de realizar exercícios mais complexos.

Outra habilidade muito importante que devemos trabalhar é a capacidade de observação, porque, embora seja verdade que ficamos com os olhos abertos durante várias horas por dia, em geral deixamos de ver o que acontece ao nosso redor por falta de atenção ou por não sabermos observar.

A *atenção* é a capacidade de focar os nossos sentidos em um determinado estímulo de modo a apreendê-lo e trabalhar com ele. Manter a atenção durante um período prolongado chama-se concentração.

Sem atenção adequada é impossível memorizar, compreender uma conversa, fazer um cálculo ou manter qualquer atividade cognitiva; por isso que é tão importante trabalhar essa capacidade e evitar a distração.

Nós, seres humanos, somos os únicos capazes de, por vontade própria, desviar a atenção de alguma coisa que nos atrai sensorialmente para nos concentrarmos, por desejo expresso, em outra que em tese poderia parecer insignificante.

Meu pai me contava que certa ocasião houve um assalto a um banco. Um dos funcionários foi capaz de fornecer à polícia tamanha quantidade de detalhes sobre um dos assaltantes que o identificaram e o prenderam imediatamente. Sem dúvida, o funcionário tinha praticado e treinado sua atenção e sabia observar e reter na memória o que estava à sua volta. Decerto devia exercitá-la com jogos quando era pequeno.

Mais do que olhar, temos de aprender a ver. Fazer com que nossa atenção, ao enxergarmos o que há diante de nós, perceba até os mínimos detalhes potencialmente significativos. Para isso, podemos empregar alguns jogos como os apresentados a seguir ou outros com características semelhantes.

Procedimentos, conceitos e atitudes

Os jogos de memória e observação podem nos ajudar a trabalhar alguns dos seguintes procedimentos, conceitos e atitudes:

- Identificar figuras planas e tridimensionais.
- Escolher elementos que satisfaçam uma determinada propriedade em um conjunto de objetos.
- Descobrir um método que permita chegar à solução.
- Ter perseverança e flexibilidade na busca por soluções matemáticas para as situações apresentadas.

- Distinguir quais dados são conhecidos e quais fazem falta para a resolução de um problema.
- Comprovar a validez dos resultados encontrados contrastando-os com a situação de partida.
- Criar figuras por meio de transformações geométricas (secção, reunião, intersecção e decomposição).
- Formular hipóteses, buscar exemplos e contraexemplos e fazer comprovações experimentais ou apenas por meio do raciocínio.
- Verificar a correção de uma determinada ordenação a partir dos critérios estabelecidos.
- Reduzir o problema por meio de sua decomposição ou de sua particularização.
- Reduzir problemas complexos a outros, mais simples, que facilitem sua compreensão e resolução.
- Identificar figuras planas e memorizá-las.
- Obter e selecionar a informação, e tratá-la de forma independente e crítica.
- Assumir uma atitude crítica diante da informação que se recebe.
- Reconstruir e identificar palavras a partir de seus componentes (letras ou sílabas).
- Buscar critérios que permitam efetuar ordenações em um conjunto de objetos.
- Obter uma solução ou conclusão.
- Revisar, se necessário, os cálculos realizados, a abordagem adotada e os métodos utilizados.
- Corrigir os erros encontrados.
- Utilizar conceitos geométricos elementares (paralelismo, perpendicularidade, ângulos).
- Comprovar e discutir os resultados obtidos.
- Ler atentamente o enunciado para compreendê-lo e memorizá-lo.
- Memorizar e repetir textos curtos.
- Reconstruir e identificar objetos ou imagens a partir de suas partes.
- Observar a realidade cotidiana.
- Resolver problemas práticos.

Um bom exercício para a memória seria tentar lembrar de todos esses itens, mas, como eu sou bonzinho, vamos deixar isso pra lá e passar logo para os jogos, que cumprem o mesmo objetivo e certamente são muito mais divertidos.

56. | Quadrados

Começaremos com um jogo simples de observação, mas que também requer memória para fazer a contagem de uma série de figuras geométricas presentes em um desenho. Não é tão óbvio como parece, tampouco difícil.

Material: Nenhum.

Dificuldade: Baixa.

Objetivos:
→ Identificar figuras planas.
→ Escolher elementos que satisfaçam uma determinada propriedade em um conjunto de objetos.
→ Descobrir um método que permita chegar à solução.

O JOGO

Você saberia me dizer quantos quadriláteros (quadrados ou retângulos) há nessa figura?

Dica: Não são nem quatro nem cinco, mas um pouco mais que isso.

Solução: Há um total de 9 quadriláteros nessa figura.

A chave: Contar os quadriláteros em uma determinada ordem para não deixar nenhum de fora.

57. | Quadrado nada mágico

Lembremo-nos de que um quadrado mágico é aquele no qual a soma das fileiras, colunas e ambas as diagonais deve ser a mesma. Já jogamos com eles antes, só que agora vamos complicar um pouquinho as coisas, mas não muito.

Material: Nenhum.

Dificuldade: Média.

Objetivos:
→ Ter perseverança e flexibilidade na busca por soluções matemáticas para as situações apresentadas.
→ Distinguir quais dados são conhecidos e quais fazem falta para a resolução de um problema.
→ Comprovar a validez dos resultados encontrados contrastando-os com a situação de partida.

O JOGO

Esse quadrado era mágico até que o deixei cair no chão e, ao pôr de volta os números no lugar, me enganei ao posicionar dois deles.

6	8	10	15
9	16	5	4
7	2	11	14
12	13	3	1

- Você pode consertar essa bagunça?

Dica: Comece procurando saber quanto deveria somar cada fileira, coluna e diagonal.

Solução: Basta trocar de lugar os números 3 e 8 para que todas as fileiras, colunas e diagonais somem 34.

A chave: Duas fileiras, duas colunas e as duas diagonais somam 34, portanto, não é preciso ser um Sherlock Holmes para deduzir que esse é o valor do quadrado mágico.

58. | O dado

Certamente já jogamos muitas vezes com dados e estamos familiarizados com eles. Mas, até que ponto isso é verdade? Vamos tirar a prova.

Material: Nenhum.

Dificuldade: Média/Alta.

Objetivos:
→ Identificar figuras planas e tridimensionais.
→ Criar figuras por meio de transformações geométricas (secção, reunião, intersecção e decomposição).
→ Formular hipóteses, buscar exemplos e contraexemplos e fazer comprovações experimentais ou apenas por meio do raciocínio.

O JOGO

Aqui em casa, quando vamos jogar com dados, nós mesmos os fabricamos usando cartolina. Entretanto, um desses modelos não nos servirá para montar um dado. Qual?

Dica: Imagine que os modelos são de papel e dobre-os mentalmente, tentando montar o cubo.

Solução:

A chave: Deve-se ir reconstruindo mentalmente os cubos, dobrando-os como se fossem de papel até moldá-los por completo; entretanto, em um deles, duas faces irão sobrepor-se e faltará uma face para completar a figura. Em caso de dúvida, pode-se recorrer à montagem de um modelo em papel.

Curiosidade: Esse tipo de jogo é muito empregado em testes psicotécnicos, então, vale a pena conhecê-lo e praticá-lo.

59. | Casas repetidas

Diante de uma enxurrada de informações, convém exercitarmos nossa mente para que possamos distinguir o que realmente nos interessa. E nada como o entretenimento para proporcionar isso.

Material: Nenhum.

Dificuldade: Média.

Objetivos:
→ Escolher elementos que satisfaçam uma determinada propriedade em um conjunto de objetos.
→ Verificar a correção de uma determinada ordenação a partir dos critérios estabelecidos.
→ Reduzir o problema por meio de sua decomposição ou de sua particularização.

O JOGO

Somente em duas casas repetem-se as mesmas quatro letras na mesma posição. Quais são?

C	P	M	A	F	A	Z
A	E	C	S	Z	E	P	M
P	E	M	F	A	P	E	C
Z	A	Z	A	E	C	S	A
S	A	A	C	M	A	C	M
M	C	P	M	C	S	F	A
F	P	P	Z	S	M	E	S
A	S	E	C	A	A	P	P

Dica: Lembre-se de que as letras têm de estar na mesma ordem.

Solução: As casas com as letras M, A, C e S.

C	P	**M**	**A**	F	A	Z
A	E	**C**	**S**	Z	E	P	M
P	E	M	F	A	P	E	C
Z	A	Z	A	E	C	S	A
S	A	A	C	**M**	**A**	C	M
M	C	P	M	**C**	**S**	F	A
F	P	P	Z	S	M	E	S
A	S	E	C	A	A	P	P

A chave: Ler as casas como se fossem palavras e ir seguindo uma determinada ordem. Dessa forma, chega-se rapidamente à solução.

60. | Labirinto de letras

Seguir uma série de letras, números, cores ou desenhos é um bom exercício tanto para nossa memória como para aprendermos a observar com atenção. Com um pouco de prática, veremos como resolver esses tipos de jogos com cada vez mais rapidez.

Material: Nenhum (lápis é opcional).

Dificuldade: Baixa.

Objetivos:
→ Escolher elementos que satisfaçam uma determinada propriedade em um conjunto de objetos.
→ Reduzir problemas complexos a outros, mais simples, que facilitem sua compreensão e resolução.
→ Comprovar a real viabilidade das soluções, dado o contexto da situação apresentada.

O JOGO

Você deve ir da casa superior esquerda até a casa inferior direita percorrendo a seguinte sequência de letras: A, B, C, A, B, C etc. Só é permitido avançar uma casa na vertical ou na horizontal. Pode-se realizar primeiro o percurso mentalmente e depois com a ajuda de um lápis, sendo necessário comprovar que a rota escolhida é a correta.

A	A	C	A	C	B	A	C
B	B	C	A	A	A	B	A
C	A	B	B	C	A	A	B
B	A	A	C	B	A	B	C
A	C	C	A	B	C	B	A
B	A	A	C	A	C	C	A
A	B	C	A	C	B	A	C
C	A	C	A	A	B	B	A
A	C	A	B	A	C	A	A
A	B	A	A	C	A	B	C

Dica: Lembre-se de que não vale avançar na diagonal.

Solução:

A	A	C	A	C	B	A	C
B	B	C	A	A	A	B	A
C	A	B	B	C	A	A	B
B	A	A	C	B	A	B	C
A	C	C	A	B	C	B	A
B	A	A	C	A	C	C	A
A	B	C	A	C	B	A	C
C	A	C	A	A	B	B	A
A	C	A	B	A	C	A	A
A	B	A	A	C	A	B	C

A chave: Podemos fazer o percurso tanto do início até o fim como no sentido contrário, ou um pouco de cada até que os dois caminhos se encontrem.

61. | As setas

Há muitos jogos em que é necessário observar uma série ou conjunto de objetos, tentar memorizá-los e depois repetir a sequência ou descobrir nela modificações. Convém não abusar, mas jogá-los de vez em quando faz muito bem à nossa memória visual.

Material: Nenhum.
Dificuldade: Alta.
Objetivos:
→ Identificar figuras planas e memorizá-las.
→ Reduzir o problema por meio de sua decomposição ou de sua particularização.
→ Comprovar a validez dos resultados encontrados contrastando-os com a situação de partida.

O JOGO

Memorize o primeiro quadro.

Quando achar que já o decorou, tape-o, olhe para o segundo quadro e diga quais são as diferenças em relação ao primeiro.

⇓	⇒	⇐	⇒
⇒	⇑	⇓	⇐
⇑	⇓	⇐	⇑

⇓	⇐	⇒	⇒
⇒	⇑	⇓	⇐
⇑	⇓	⇐	⇑

Dica: Duas casas trocaram de lugar. Você as vê?

Solução: Estas são as duas casas que trocaram de lugar:

⇓	⇐	⇒	⇒
⇒	⇑	⇓	⇐
⇑	⇓	⇐	⇑

A chave: Pode-se memorizar um ou vários percursos seguindo as direções das setas. Isso nos ajudará a descobrir qualquer alteração nas casas.

62. | Séries de figuras

Os jogos com séries de figuras são muito comuns em testes psicológicos, já que refletem nossa memória visual e capacidade de observação atenta. Portanto, nunca é demais divertir-se com eles.

Material: Nenhum.

Dificuldade: Média.

Objetivos:
→ Identificar figuras planas e memorizá-las.
→ Reduzir o problema por meio de sua decomposição ou de sua particularização.
→ Comprovar a validez dos resultados encontrados contrastando-os com a situação de partida.

O JOGO

Observe e memorize a seguinte série de quatro figuras:

∇ ⊗ ∆ ⊕

Agora, procure reconhecer quantas vezes aparece essa mesma sequência no quadro a seguir, na mesma ordem e da esquerda para a direita. Tudo isso sem olhar para a série anterior.

∇ ⊗ ∇ ⊕
∇ ⊕ ∆ ⊗
∆ ⊗ ∇ ⊕
∇ ⊗ ∆ ⊕
∆ ⊕ ∆ ⊗
∆ ⊗ ∇ ⊕
∇ ⊕ ∆ ⊗
∇ ⊗ ∆ ⊕

Memória e Observação

Dica: Pode haver mais de uma série correta.

Solução: A quarta e a oitava séries correspondem à série inicial.

A chave: Basta memorizar a ordem em que as figuras aparecem: triângulo invertido, círculo com xis, triângulo, círculo com sinal de mais. Assim, poupamos energia e fica mais fácil de lembrar.

63. | O hamster e a serpente

A leitura e correta compreensão de textos ajuda a armazenar em nossa memória informações que nos podem ser úteis no futuro. Por isso, convém praticar a leitura compreensiva e crítica de todo tipo de texto.

Material: Um jornal ou uma revista.

Dificuldade: Média/Alta.

Objetivos:
- → Obter e selecionar a informação, e tratá-la de forma independente e crítica.
- → Assumir uma atitude crítica diante da informação que se recebe.
- → Comprovar a validez dos resultados encontrados contrastando-os com a situação de partida.

O JOGO

Leia duas vezes o seguinte texto publicado por uma agência de notícias de Tóquio. Depois, sem olhá-lo, responda às perguntas.

Serpente afeiçoa-se a hamster que lhe serviram de comida em zoológico de Tóquio

"Um hamster de 9cm de comprimento e uma serpente de 120cm parecem ter desenvolvido uma estranha amizade em um zoológico de Tóquio, Japão.

A relação começou em outubro do ano passado quando serviram o roedor ao réptil como parte do cardápio do dia.

A serpente, cuja dieta consiste de camundongos congelados, havia recusado sua dieta cotidiana, então os tratadores do zoológico Motsugoro Okoku decidiram dar-lhe um animal vivo.

Para a surpresa dos funcionários do lugar, a serpente recusou-se a comer o hamster e, em vez disso, desde esse dia ambos os animais compartilham a jaula.

'Nunca vi nada assim', disse Kazuya Yamamoto, tratador do zoológico, à agência de notícias AP.

Segundo os funcionários, mais de uma vez o hamster, jocosamente apelidado de Gohan – que significa 'comida' em japonês –, foi flagrado dormindo em cima de Aochan, a serpente.

'Parece que Aochan se dá muito bem com Gohan', observou um funcionário do zoológico" (*Fonte*: BBC, 20/01/2006)

Agora, responda às seguintes perguntas:

- Quais são os nomes da serpente e do hamster?
- Qual é o significado do nome que puseram no hamster?
- O que a serpente normalmente come?

Dica: Lembre-se por que colocaram o hamster junto com a serpente.

Solução: A serpente chama-se Aochan e o hamster, Gohan, que significa "comida" em japonês. A serpente normalmente come camundongos congelados.

A chave: Ao memorizar os dados que pareçam mais relevantes, é provável que você retenha na memória as informações secundárias mas facilmente.

64. | Embaralhado

Ordenar palavras com suas letras ou sílabas desorganizadas também aprimora nossa capacidade de observação, bem como a memória visual. É um jogo muito fácil de preparar e que pode servir para repassar outras disciplinas acadêmicas, já que podemos escolher nomes de cientistas, países, animais etc., de acordo com a nossa necessidade.

Material: Nenhum.

Dificuldade: Baixa.

Objetivos:
→ Reconstruir e identificar palavras a partir de seus componentes (letras ou sílabas).
→ Buscar critérios que permitam efetuar ordenações em um conjunto de objetos.
→ Obter uma solução ou conclusão.

O JOGO

Observe com atenção as seguintes letras embaralhadas. Corretamente organizadas, elas revelam o nome de um famoso cientista.

Sabe quem é?

F I
L N
G M E

Dica: Está relacionado com a Medicina.

Solução: Fleming.

A chave: Reside em tentar reconstruir as sílabas. Isso nos dará uma primeira dica para solucionar o enigma.

Anedota: Sir Alexander Fleming (1881-1955) foi um cientista escocês que ficou famoso por descobrir a penicilina. Foi médico microbiologista no Hospital St. Mary de Londres até o início da Primeira Guerra Mundial. Trabalhou nesse hospital, no Departamento de Vacinação, dedicando-se à fabricação e aprimoramento de vacinas e soros. Durante a guerra, foi médico militar nas frentes de batalha da França e ficou impressionado pela alta mortalidade nos hospitais de campanha devido a feridas infectadas causadas por estilhaços. Com o fim do conflito, regressou ao Hospital St. Mary, onde buscou intensamente por um novo antisséptico que evitasse a dura agonia provocada pelas feridas infectadas, até descobrir a penicilina.

65. | Reconstrução

A capacidade de atenção é muito importante para melhorar nossa habilidade de memorização e de observação. Devemos aprender a permanecer atentos sem deixar que nada nem ninguém nos distraia. E, para isso, nada melhor do que o entretenimento.

Material: Papel e lápis.
Dificuldade: Média/Alta.
Objetivos:
→ Identificar e reconstruir figuras planas.
→ Escolher elementos que satisfaçam uma determinada propriedade em um conjunto de objetos.
→ Comprovar a validez dos resultados encontrados contrastando-os com a situação de partida.

O JOGO

Você deve reconstruir o seguinte quadro reunindo suas peças, que estão logo abaixo. Ah, já ia me esquecendo: vai sobrar uma!

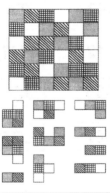

Dica: Lembre-se de que sobra uma peça.

Solução: A peça que sobra é esta:

A chave: Como no caso dos quebra-cabeças, convém começar pelas extremidades, já que elas têm um formato mais fácil de reconhecer.

66. | Placas de carro

Podemos jogar também com placas de carros, seja durante uma viagem ou em casa. Nesse caso, jogaremos em casa mesmo para não ficarmos tontos, já que este jogo requer um mínimo de concentração.

Material: Papel e lápis.

Dificuldade: Média/Baixa.

Objetivos:
→ Escolher elementos que satisfaçam uma determinada propriedade em um conjunto de objetos.
→ Revisar, se necessário, os cálculos realizados, a abordagem adotada e os métodos utilizados.
→ Corrigir os erros encontrados.

O JOGO

Apresentamos abaixo 8 placas de veículos. Você deve relacionar cada uma com as informações dadas logo em seguida.

AMT-1492	ITA-3874
ONU-4312	FHT-8877
BRA-8635	JFK-9524
BHD-4567	LGP-2537

- Todos os números são primos.
- As letras correspondem às iniciais de um famoso aeroporto.
- As letras correspondem às abreviações de nomes de países em competições esportivas.
- Ano em que Colombo descobriu a América.
- Sigla das Nações Unidas.
- Os números somam 30.
- Os números são consecutivos.

Dica: Cada placa aparece uma única vez, entretanto, várias placas podem se relacionar com uma mesma informação.

Solução:
- Todos os números são primos: LGP-2537.
- As letras correspondem às iniciais de um famoso aeroporto: JFK-9524.
- As letras correspondem às abreviações de nomes de países em competições esportivas: BRA-8635 e ITA-3874.
- Ano em que Colombo descobriu a América: AMT-1492.
- Sigla das Nações Unidas: ONU-4312.
- Os números somam 30: FHT-8877.
- Os números são consecutivos: BHD-4567.

A chave: Consiste em ler bem o que se pede e ir procurando sem pressa, que é a inimiga da perfeição.

67. | O espelho

As imagens especulares (vistas através de um espelho) possibilitam uma série de jogos interessantes que combinam memória visual, atenção e observação detalhada.

Assim, ainda que estejamos acostumados a nos ver todo santo dia no espelho, pode ser que não nos reconheçamos em uma fotografia, já que, nesse caso, enxergamos nossa imagem real. Por isso, convém diferenciar entre ambos os tipos de imagens.

Este teste de habilidade espacial nos auxiliará com isso.

Material: Papel e lápis (espelho é opcional).

Dificuldade: Média.

Objetivos:
→ Identificar figuras planas e tridimensionais.
→ Revisar conceitos geométricos elementares (paralelismo, perpendicularidade, ângulos).
→ Comprovar e discutir os resultados obtidos.

O JOGO

Desenhe a imagem especular dos seguintes símbolos. Para comprovar se a resposta está correta, coloque seu desenho diante de um espelho e verifique se ele combina com a imagem que você desenhou.

Dica: Lembre-se de que o que está à esquerda passará a situar-se à direita, e vice-versa.

Solução: É o espelho que vai dar.

A chave: Desenhar à esquerda o que está à direita, e vice-versa. Você deve ser metódico e seguir uma determinada ordem.

68. | O furo

Memorizar uma notícia que lhe chame fortemente a atenção ou uma piada para recontá-la posteriormente é uma boa forma de melhorar nossa capacidade de memorização.

Material: Nenhum.
Dificuldade: Baixa.
Objetivos:
→ Ler atentamente o enunciado para compreendê-lo e memorizá-lo.
→ Reduzir o problema por meio de sua decomposição ou de sua particularização.
→ Memorizar e repetir textos curtos.

O JOGO

Escolha uma notícia curta ou uma piada, memorize-a e depois tente reproduzi-la para algum familiar ou amigo. A seguir, um texto a título de exemplo para você ir praticando.

Aranha dispara alarme de supermercado

"Policiais e vigias de um supermercado em Grimma, na Alemanha, pensaram que surpreenderiam ladrões, mas se depararam com uma inofensiva aranha.

O alarme foi ativado no domingo pela manhã, quando o estabelecimento estava fechado para o público. A polícia local cercou o lugar achando que se tratava de um furto.

Ao acessarem o interior do supermercado não observaram nada de suspeito. Estava vazio e tudo parecia em ordem, segundo uma nota publicada nesta terça-feira no site da polícia local.

No entanto, uma busca mais minuciosa permitiu descobrir o culpado: uma aranha que passeava tranquilamente em frente ao detector de movimentos, esclareceu a mesma fonte" (*Fonte*: AFP, 11/11/2003)

A chave: Iniciar com textos breves cujos temas lhe despertem o interesse ou com piadas curtas. É mais fácil começar memorizando textos de assuntos que lhe sejam familiares, que o agradem ou que chamem sua atenção.

Memória e Observação

69. | Pistas fragmentadas

Uma boa forma de melhorar nossa memória visual consiste em reconstruir mental ou fisicamente imagens que nos sejam familiares. Quanto mais fragmentadas estiverem as imagens, mais difícil será identificá-las.

Material: Um jornal ou uma revista e algumas tesouras.

Dificuldade: Média/Baixa.

Objetivos:
→ Identificar figuras planas e tridimensionais.
→ Obter e selecionar a informação, e tratá-la de forma independente e crítica.
→ Reconstruir e identificar objetos ou imagens a partir de suas partes.

O JOGO

Corte uma foto de um jornal ou revista em vários pedaços para que os demais tentem reconstruí-la e identificar quem ou que lugar está na foto.

A imagem deverá ser fragmentada em mais ou menos pedaços, dependendo do nível dos jogadores. A escolha da personalidade ou do lugar retratado, levando em conta o grau de facilidade ou dificuldade de identificação, também deve seguir o mesmo critério.

Aos participantes será permitido mover os pedaços da foto ou jogar sem tocá-los, apenas observando-os.

Dica: Será fornecida por aquele que recortar a figura e fará referência à personalidade ou ao lugar que representa.

Solução: Só quem recortou a figura é que sabe.

A chave: Procurar pelos fragmentos das quinas e tentar reconstruir primeiramente as partes que nos sejam mais familiares.

70. | Cascata de moedas

Para finalizar este capítulo, gostaria de propor um jogo de observação para múltiplos participantes e no qual podemos empregar objetos do cotidiano. Seu intuito é lembrar que existem vários outros jogos que podem nos ajudar a fortalecer a memória e a capacidade de observação.

Material: Várias moedas iguais.
Dificuldade: Baixa.
Objetivos:
→ Observar a realidade cotidiana.
→ Resolver problemas práticos.
→ Obter uma solução ou conclusão.

O JOGO

Um jogador fica de frente para os outros e despeja em um pote as moedas que carrega em suas mãos.

Os demais jogadores devem adivinhar o número de moedas.

Dica: Certifique-se de saber o número exato de moedas que está despejando no pote.

Solução: O número de moedas será escolhido pelo jogador que for despejá-las no pote.

A chave: Repetindo o jogo várias vezes, os participantes vão adquirindo prática e acertarão a resposta com cada vez mais facilidade.

V

Jogos de Inteligência e Raciocínio Verbais e de Comunicação

Como trabalhar com os jogos de inteligência e raciocínio verbais e de comunicação

Já imaginou este livro escrito assim?

> Sgenduo etsduos raleziaods por uma uivenrsediad ignlsea, não ipmotra a odrem em que as ltears etajsem ecsritas, a úicna csioa ipormtnate é que a pmirirea e a útlima lteras etajsem ecsritas na psioção coertra.
> O retso pdoe etsar ttaolmntee froa de oderm que anida aissm pedmoos ler sem pobrmela aglum, pquore não leoms cdaa ltera em si, mas cdaa paalrva em um coetntxo.
> Pesoameslnte, ahco isso icrínevl.
> Que dgora! Tnatos aons de eclsoa pra ndaa!

Não há dúvida de que podemos ler este texto mais ou menos bem e até compreendê-lo, mas o mundo estaria uma loucura se todos nós escrevêssemos sem uma regra comum, não?

A linguagem, seja ela falada ou escrita, é o principal meio de comunicação entre os seres humanos. Atualmente, a comunicação entre as pessoas está ameaçada pela falta de atenção; pelo uso incorreto do idioma, além de seu conhecimento limitado; e também porque as normas ortográficas vêm sendo negligenciadas, a ponto de os textos se tornarem ininteligíveis.

Como brinca Mark Twain: "Em Paris, sempre que eu falava francês, acabavam me olhando com perplexidade. Jamais consegui fazer os franceses compreenderem seu próprio idioma".

Alguns dos problemas relacionados ao mau uso da linguagem existentes hoje em dia são exemplificados em uma notícia da imprensa, reproduzida a seguir:

Protesto contra a ampliação do tempo de aula tem cartaz com erros de ortografia

Cinquenta alunos do Instituto Lloixa realizaram ontem uma manifestação contra a decisão do Conselho de Educação de aumentar para meia hora a jornada letiva.

"Aprovados em mobilização, reprovados em ortografia. Cinquenta estudantes do Instituto Lloixa protestaram ontem em Sant Joan contra a medida adotada pelo Conselho de Educação para ampliar meia hora a jornada letiva. Os alunos alegam que as últimas aulas do dia são mais difíceis e que, se tiverem atividades extracurriculares, não terão descanso e acabarão exaustos.

O que mais chamava a atenção no protesto era que rejeitavam as horas adicionais de aula – em matéria de tempo de ensino, equivale a duas semanas a mais por ano –, mas, um dos cartazes continha um sério erro de ortografia para um aluno do ensino secundário: 'San Juan se revela, fora Font de Mora!'. Além do erro relativo ao verbo rebelar – com 'v' significa descobrir, com 'b' é opor-se –, a denominação San Juan deixou de existir há anos, já que o único nome oficial aceito é em valenciano, embora esse erro continue persistindo. Apesar de rejeitarem mais horas de aula, os alunos estão precisando de algumas lições extras de ortografia." (Información.es 05/11/2010)

Em um artigo intitulado "A compreensão de textos de nossos alunos" (*La Vanguardia*, 15/09/2010), o pedagogo Gregorio Luri mete o dedo na ferida:

"Uma avaliação realizada no ano passado com alunos de 12 anos não deixa dúvidas. Cerca de 30% não compreendem o que leem. Isto é, não sabem ler e, portanto, estão condenados a fracassar no ensino secundário. A capacidade linguística é a chave para o sucesso na vida adulta.

Dificilmente melhoraremos nossos níveis de compreensão de textos se continuarmos pensando que a leitura é meramente um procedimento, uma habilidade (o que em inglês se entende por *how-to skill*) que se adquire para toda a vida, como andar de bicicleta. Uma vez que a compreensão de textos exige conhecimentos (*knowledge-based skill*), quanto mais coisas sabemos, melhor lemos. Se quisermos que nossos alunos melhorem sua compreensão de textos, devemos ampliar seu vocabulário em todas as áreas, não somente no que diz respeito à língua, o que requer a convicção de que todo o conhecimento é importante. E não sei se, ao atribuirmos mais importância aos procedimentos do que ao conteúdo e ao programa de formação de professores, não jogamos fora o bebê junto com a água do banho."

Outro problema com o qual nos deparamos é que, mais do que ouvir, os alunos devem aprender a *escutar*. Não têm paciência, não aguentam esperar para receber a mensagem completa e "desconectam-se" no meio dela, presumindo o que lhes será dito. E o mesmo acontece com a leitura.

Meu irmão Xavier, também professor universitário, contou-me que uma vez um aluno cometeu um erro monumental em uma prova e, ao relê-la, reconheceu que não havia terminado de ler o texto completo do enunciado. Lamentável, mas real, e, infelizmente, muito atual.

Por comunicação verbal entendemos tanto a capacidade de compreender mensagens verbais ou escritas como a habilidade para produzi-las. O desenvolvimento das capacidades verbais tem como objetivo o conhecimento e a habilidade de utilizar eficazmente as palavras, sua ordem e estrutura, sua compreensão, suas conotações, bem como a interpretação do significado pretendido.

Essa capacidade verbal é uma das habilidades mais fáceis de desenvolver e os jogos a seguir podem nos auxiliar nisso.

Procedimentos, conceitos e atitudes

Os jogos de inteligência e raciocínio verbais e de comunicação podem nos ajudar a trabalhar alguns dos seguintes procedimentos, conceitos e atitudes:

- Melhorar a leitura mental e compreensiva de textos.
- Aguçar o senso crítico diante de produções orais e escritas.
- Valorizar a necessidade da correção ortográfica na escrita.
- Preparar e corrigir mensagens escritas.
- Utilizar corretamente os sinais de pontuação.
- Consultar habitualmente o dicionário, com base no conhecimento da ordem alfabética.
- Aprender o significado de palavras novas.
- Elaborar mensagens.

- Interpretar ordens que permitam sequenciar as atividades a serem realizadas.
- Adquirir conhecimento sobre a tradição escrita de nossa língua.
- Obter conhecimento sobre nossa cultura popular: os ditados.
- Valorizar a leitura como fonte de prazer e conhecimento.
- Reconhecer palavras e seu significado.
- Obter conhecimento sobre manifestações da cultura popular.
- Completar frases para que adquiram um significado completo.
- Valorizar o texto escrito como fonte de informação.
- Adquirir confiança na expressão oral.
- Melhorar a memória e a capacidade de atenção.
- Reconhecer a própria língua como fonte de diversão.
- Desenvolver a imaginação, a memória e aguçar a inteligência.
- Saber escutar para compreender, informar-se e poder participar.
- Conhecer e memorizar textos da cultura popular.
- Combinar letras para formar palavras novas.
- Ser persistente e paciente para alcançar uma meta proposta.
- Conhecer palavras científicas e técnicas de diversas áreas.
- Ampliar o vocabulário como fonte de enriquecimento.
- Reconhecer e formar palavras.
- Reconhecer vogais e consoantes.
- Reconhecer a ideia central de um texto e compreender instruções.
- Buscar por palavras que reúnam uma característica solicitada.
- Ampliar o vocabulário.
- Empregar recursos para a compreensão e expressão: o dicionário.
- Conhecer com precisão o vocabulário próprio da idade.
- Descobrir palavras novas com a ajuda do dicionário.
- Conhecer a cultura popular infantil: os contos.
- Diferenciar as letras que formam uma palavra.
- Reforçar a memória e a imaginação.
- Melhorar a inteligência verbal.
- Aprender a realizar descrições breves e completas.
- Realizar jogos verbais de precisão.
- Aprender a falar em público.
- Manter a ordem, a clareza e a coerência ao expor um tema.
- Produzir mensagens orais: exposições e argumentações.

71. | Palavras bagunçadas

Nossa capacidade mental é muito maior do que imaginamos. Conseguimos interpretar textos ainda que estejam malredigidos. Mesmo se alterarmos a ordem das letras, nossa mente é capaz de ler as palavras sem grandes dificuldades. Só que essa capacidade, evidentemente, não nos livra da correção ortográfica.

Material: Papel e lápis.

Dificuldade: Baixa.

Objetivos:
→ Melhorar a leitura mental e compreensiva de textos.
→ Aguçar o senso crítico diante de produções orais e escritas.
→ Valorizar a necessidade da correção ortográfica na escrita.

O JOGO

Leia o texto a seguir. Não se preocupe com a péssima ortografia e a caótica ordenação das letras, apenas procure lê-lo o mais rápido possível.

"Sgenduo etsduos raleziaods por uma uivenrsediad ignlsea, não ipmotra a odrem em que as ltears etajsem ecsritas, a uicna csioa ipormtnate é que a pmirirea e a utlima lteras etajsem ecsritas na psioçao coertra.

O retso pdoe etsar ttaolmntee froa de oderm que anida aissm pedmoos ler sem pobrmela aglum, pquore não leoms cdaa ltera em si, mas cdaa paalrva em um coetntxo.

Pesoameslnte, ahco isso icrinevl.

Que dgora! Tnatos aons de eclsoa pra ndaa!"

Variações: Podemos criar nossos próprios textos ou permitir que os alunos o façam, discutindo essa capacidade mental e a importância de escrever corretamente.

A chave: Nossa mente é muito mais capaz do que acreditamos. Com um pouco de entretenimento, podemos obter resultados surpreendentes.

72. | Texto amontoado

Hoje em dia, os corretores ortográficos dos computadores facilitam a tarefa de tornar os textos impecáveis; apesar disso, esses corretores ainda não são capazes de discernir um erro relacionado ao mau uso de palavras, a despeito de sua grafia estar correta.

Material: Uma cópia de texto malredigido, papel e lápis.

Dificuldade: Baixa ou média, de acordo com o texto.

Objetivos:
→ Melhorar a leitura mental e compreensiva de textos.
→ Preparar e corrigir mensagens escritas.
→ Usar corretamente os sinais de pontuação.

O JOGO

- Corrija e redija novamente o texto a seguir. Note que não há espaços entre as palavras nem foram incluídos os sinais de pontuação.
"SegundoespecialistasdaUniversidadedeBristolindividuoscommaiorgrau deinstruçaotendematrabalharmaishoraseporissopreferemumanimaldeestimaçaocomooogatoquenaonecessitadetantocuidadodiarioaumcachorrodiferentementedoscachorrosnãoeprecisolevarosgatosparapassearreelespodem vivercommenosatençaoecompanhiahumana."

Solução: O trecho é de uma notícia que a agência EPF publicou em fevereiro de 2010 e estava redigido do seguinte modo: "*Segundo especialistas da Universidade de Bristol, indivíduos com maior grau de instrução tendem a trabalhar mais horas e, por isso, preferem um animal de estimação como o gato, que não necessita de tanto cuidado diário, a um cachorro. Diferentemente dos cachorros, não é preciso levar os gatos para passear e eles podem viver com menos atenção e companhia humana*".

Variações: Pode-se eliminar também as maiúsculas ou incluir erros ortográficos.

A chave: É um jogo que convida à reflexão pausada; à utilização de um dicionário, caso surjam palavras desconhecidas; e ao uso correto dos sinais de pontuação.

73. | Sanduíche de palavras

O uso do dicionário, entre outras coisas, ajuda-nos a descobrir palavras novas, bem como seu significado e a grafia correta.

Material: Um dicionário.

Dificuldade: Média.

Objetivos:
- → Empregar recursos para a compreensão e expressão: o dicionário.
- → Estimular o uso do dicionário: a ordem alfabética.
- → Conhecer o significado de palavras novas.

O JOGO

Dadas duas palavras de referência, você deve descobrir um verbete entre elas no dicionário que corresponda a um sinônimo da palavra que está entre parênteses (os termos não precisam aparecer de forma consecutiva no dicionário, basta apenas que estejam entre as palavras de referência).

REAÇÃO (RECHAÇAR) REDUTO

Solução: Rebater.

Variações: Os próprios alunos podem preparar este jogo para seus colegas e realizar uma competição entre duplas ou grupos.

A chave: É melhor não utilizar o dicionário logo de cara e tentar resolver o jogo sem qualquer auxílio. O emprego do dicionário será necessário sempre que aparecer alguma palavra nova, no caso de se ignorar a solução; ou na hora de os alunos prepararem os jogos sozinhos.

74. | Ditado picadinho

Os ditados são uma fonte de cultura e sabedoria popular, e se prestam a muitos jogos. Os jogos de ditados podem proporcionar um bom entretenimento mental e melhorar as capacidades verbais e cognitivas.

Material: Papel e lápis.

Dificuldade: Baixa/Média.

Objetivos:
→ Construir mensagens.
→ Interpretar ordens que permitam sequenciar as atividades a serem realizadas.
→ Conhecer a tradição escrita de nossa língua.

O JOGO

Deve-se descobrir o ditado, juntando-se e organizando-se todas as sílabas apresentadas a seguir. Atenção: cada sílaba pode ser usada apenas uma vez.

São elas:

nir-ar-é-que-di-re-lhor-pre-me-do-me-ve

Solução: É melhor prevenir do que remediar.

Variações: Permita que os alunos preparem o jogo, deixando por conta deles selecionar o ditado e desorganizar as sílabas. Títulos de livros, manchetes etc. também podem ser usados.

A chave: Deve-se tentar construir as palavras combinando as sílabas e ir descartando as que já foram utilizadas.

75. | Ditados com lacunas

Um jogo de linguagem clássico consiste em completar palavras ou frases em que faltam algumas letras. A utilização de ditados neste jogo, além de facilitar reconhecimento das palavras, ainda nos aprofunda em nossa cultura popular.

Material: Papel e lápis.

Dificuldade: Baixa.

Objetivos:
→ Conhecer a nossa cultura popular: os ditados.
→ Valorizar a leitura como fonte de prazer e conhecimento.
→ Reconhecer palavras e seu significado.

O JOGO

Complete o seguinte ditado, do qual foram extraídas todas as vogais:

T__ L_DR__ _ _ Q__ V__ _ V_NH_,
C_M_ _ _ Q__ F_C_ _ _ _SPR__T_

Solução: Tão ladrão é o que vai à vinha, como o que fica à espreita.

Variações: Para complicar um pouco o jogo, pode-se ocultar as consoantes em vez de as vogais. Vários alunos podem competir para ver quem descobre primeiro qual é o ditado.

A chave: É melhor começar pelas palavras mais curtas, depois partir para as mais compridas, e, enquanto as palavras vão sendo descobertas, tentar resolver o ditado inteiro.

76. | Ditados populares

Podemos também jogar com famosos ditados populares eliminando deles uma ou mais palavras, para que os alunos o completem.

Material: Papel e lápis.
Dificuldade: Média/Alta.
Objetivos:
→ Conhecer manifestações da cultura popular.
→ Completar frases para que adquiram um significado completo.
→ Valorizar o texto escrito como fonte de informação.

O JOGO

Encontre as palavras que faltam para completar o seguinte ditado:

"MAIS VALE UM _____ NA MÃO
DO QUE _____ VOANDO"

Dica: Pode-se indicar a letra pela qual começam as palavras que faltam ou o número de letras de cada uma.

Solução: "Mais vale um pássaro na mão do que dois voando".

Variações: Deixar a cargo dos participantes procurar e apresentar os ditados a seus colegas e também selecionar quais palavras ocultar. No fim, pode-se discutir sobre o significado do ditado.

A chave: Buscar por um significado completo e lógico na frase, ainda que se desconheça o ditado.

Inteligência e Raciocínio Verbais e Comunicação

77. | Trava-línguas para todos

Os trava-línguas são frases de dicção complicada, ou de entonação engraçada, que servem para aprimorar nossa expressão oral, além de divertirem por conta de sua dificuldade.

Material: Nenhum.

Dificuldade: Média.

Objetivos:
- → Adquirir confiança na expressão oral.
- → Aprimorar a memória e a capacidade de atenção.
- → Reconhecer a própria língua como fonte de diversão.

O JOGO

Selecionamos um trava-língua e o dizemos em voz alta. Os alunos devem repeti-lo sem se atrapalhar. Por exemplo:

Pedreiro da catedral, está aqui o padre Pedro? – Qual padre Pedro? – O padre Pedro Pires Pisco Pascoal. – Aqui na catedral tem três padres Pedros Pires Piscos Pascoais. Como em outras catedrais.

Variações: Pode-se também fornecê-lo por escrito para que seja lido em voz alta, diminuindo sua dificuldade. Pode-se empregar, ainda, ditados cujas palavras não sejam apenas de dicção difícil, como também de grafia complicada. Perguntas relacionadas ao trava-língua também podem ser aplicadas (como perguntar quantas vezes repete-se uma letra).

A chave: Deve-se recitar o trava-língua devagar e sem receio de se atrapalhar. Se alguém se confundir, pode tentar novamente quantas vezes quiser até que o recite corretamente ou desista.

78. | O que é o que é?

As adivinhas podem e devem ser outro recurso didático para o conhecimento da própria linguagem, além de desenvolverem a imaginação, a memória e ampliarem o vocabulário.

Material: Nenhum.

Dificuldade: Baixa.

Objetivos:
- → Desenvolver a imaginação, a memória e aguçar a inteligência.
- → Saber escutar para compreender, informar-se e poder participar.
- → Conhecer e memorizar textos da cultura popular.

O JOGO

Lê-se uma adivinha apropriada para a idade e nível de conhecimento dos jogadores, que devem tentar resolvê-la imediatamente, justificando sua resposta. Se ficar difícil encontrar a solução, pode-se fornecer uma dica.

Por exemplo:

> Com a minha casa às costas,
> caminho devagarzinho e deixo,
> por onde passo,
> um brilhante fiozinho.

Dica: Trata-se de um pequeno animal cujo nome começa pela letra C e que em alguns lugares é servido como alimento. Outra dica: sai para passear quando chove.

Solução: É o caracol, já que leva sua concha nas costas, anda bem devagarzinho e vai deixando um fino rastro de muco por onde passa.

Variações: Os próprios jogadores podem buscar por si sós as adivinhas e propô-las a seus colegas. Pode-se jogar também em equipes.

A chave: Deve-se usá-las com moderação e fornecer dados e dicas suficientes para que a adivinha possa ser solucionada, senão os alunos podem acabar perdendo o interesse.

79. | Anagramas

Com os anagramas, jogamos com as letras de duas palavras para obter uma terceira. Podemos escolher palavras sobre um determinado assunto que seja de nosso interesse no momento.

Material: Papel e lápis.
Dificuldade: Média/Alta.
Objetivos:
→ Combinar letras dadas para formar palavras novas.
→ Desenvolver a persistência e a paciência como vias necessárias para alcançar uma meta proposta.
→ Conhecer palavras científicas e técnicas de diversas áreas.

O JOGO

Decifrando corretamente os seguintes anagramas, você descobrirá seis parques nacionais do Brasil:

1. Jacareí / Coroa
2. Laser / Guerra
3. Marroca / Deidades
4. Dita-se / Cedes
5. Burla / País
6. Carros / Édipo

Dica: Pode-se indicar os estados ou municípios aos quais pertencem os parques.

Solução: 1. Jericoacoara; 2. Serra Geral; 3. Serra da Mocidade; 4. Sete Cidades; 5. Pau Brasil; 6. Serra do Cipó.

Variações: Pode-se preparar um anagrama sobre o assunto que se desejar ou os próprios alunos podem fazê-lo, embora seja uma tarefa um tanto complicada.

A chave: Os alunos devem conhecer o assunto em questão e ir organizando as letras de diversas formas até encontrar a solução.

80. | Tirando de letra

Neste jogo, deve-se formar uma palavra com as 7 letras dadas e, sucessivamente, ir subtraindo uma letra para compor palavras de seis, cinco, quatro, três e duas letras, alternando-se a ordem delas. Para encontrar as palavras são fornecidas as correspondentes definições. Além disso, as cinco letras eliminadas formam uma "palavra escondida", cuja definição também é fornecida.

Material: Papel e lápis.
Dificuldade: Média.
Objetivos:
→ Ampliar o vocabulário como fonte de enriquecimento.
→ Reconhecer e formar palavras.
→ Estimular o uso do dicionário.

O JOGO

Resolva o enigma a seguir utilizando estas 7 letras:

TILARIM

Definições:

- Terceira pessoa do plural do pretérito imperfeito do verbo "ir".
- Fazer o que os outros fazem.
- Compor versos.
- Nota musical.
- Cobertura para a cabeça prelatícia de cerimônia.
- Profissão em que se usa uniforme.

Palavra escondida:

É útil para ler em pé partituras, livros etc.

Solução: Militar; Imitar; Mitra; Rima; Iam; Mi. Palavra escondida: Atril.

Variações: O jogo pode ser preparado pelos próprios alunos. Se quisermos diminuir um pouco a dificuldade, podemos fornecer as definições na ordem. É sempre aconselhável permitir o uso de um dicionário. É um bom jogo para ser realizado em duplas.

A chave: Não faz diferença seguir uma ordem, basta encontrar alguma das palavras que correspondem às definições e, uma vez conhecidas algumas letras, tentar verificar as palavras que faltam.

81. | Complete a frase

Muitas vezes, a matemática e a linguagem estão intimamente relacionadas, pois a primeira necessita com frequência da segunda como veículo de comunicação. E existem jogos que unem ambas as disciplinas. Eis aqui um clássico.

Material: Papel e lápis.

Dificuldade: Média/Alta.

Objetivos:
→ Reconhecer vogais e consoantes.
→ Estimular a persistência e a paciência como vias necessárias para alcançar uma meta proposta.
→ Reconhecer a ideia central de um texto e compreender instruções.

O JOGO

Deve-se substituir os espaços em branco da frase por números – escritos por extenso –, de modo que o conteúdo da frase esteja correto.

A frase é a seguinte:

"ESTA FRASE TEM O TOTAL DE _____ VOGAIS E _____ CONSOANTES"

Dica: Deve-se apenas lembrar que as vogais e consoantes dos números por extenso também devem entrar na conta.

Solução: Esta frase tem o total de vinte e oito vogais e vinte e nove consoantes.

Variações: Pode-se jogar em grupo ou em equipes.

A chave: Deve-se ir experimentando com números diferentes e, na base da tentativa e erro, ir se aproximando da solução até encontrá-la.

82. | Seis menos três

Não se trata de um jogo matemático, como sugere o título, mas de um jogo de vocabulário no qual se deve evitar uma pegadinha para compreender o que está sendo pedido.

Material: Papel, lápis e dicionário.
Dificuldade: Média/Alta.
Objetivos:
→ Buscar palavras que reúnam uma característica solicitada.
→ Ampliar o vocabulário.
→ Estimular a persistência e a paciência como vias necessárias para alcançar uma meta proposta.

O JOGO

Veja se você pode responder o seguinte:

- Qual palavra de seis letras que, ao se retirar as três primeiras, sobra uma?

Dica: E se UMA forem as três letras finais da palavra? A pergunta faria sentido para você?

Solução: Há muitas palavras que atendem a esses requisitos: alguma (retira-se "alg-" e sobra "-uma"), assuma, espuma etc.

Variações: Pode-se aceitar palavras de qualquer tamanho terminadas em "-uma". Quantas você é capaz de obter?

A chave: Usar a imaginação, a inteligência e a memória são fundamentais em jogos desse tipo. E em caso de dúvida ou necessidade, deve-se utilizar sempre o dicionário para checar a existência da palavra proposta e entender seu significado.

83. | Jogo do dicionário

Para poder expressar-se corretamente e compreender o que os outros falam é imprescindível ter um bom domínio do significado das palavras. Este jogo reforça o vocabulário já conhecido e novas acepções de palavras são aprendidas.

Material: Dicionário.

Dificuldade: Média/Alta.

Objetivos:
→ Usar o dicionário para a compreensão e expressão.
→ Conhecer com precisão o vocabulário próprio da idade.
→ Conhecer palavras científicas e técnicas de diversas áreas.

O JOGO

Pegue o dicionário e abra-o em uma página qualquer.

Leia em voz alta uma palavra e, em seguida, sua definição, só que misturada com algumas definições incorretas. Deve-se acertar qual é a definição da palavra escolhida fornecida pelo dicionário.

Solução: Convém consultar o dicionário depois de dar a resposta para confirmar se está correta e ver outros significados que esse vocábulo possa ter.

Variações: Pode-se incluir várias definições corretas da palavra, caso esta possua diversas acepções, o que aumenta a dificuldade do jogo. Este jogo é para ser disputado em equipes, que vão perguntando uma à outra sobre palavras que elas próprias tenham escolhido. Também pode ser jogado ao contrário, fornecendo uma definição e tentando descobrir de que palavra se trata.

A chave: Se o jogo for realizado com equipes, é fundamental que cada participante contribua um pouco e também saiba escutar a opinião dos demais antes de dar a resposta.

84. | Mutações

Vamos continuar jogando com palavras. Com um pouco de imaginação, memória e conhecimento da linguagem, passaremos de uma palavra a outra, totalmente diferente, quase sem nos darmos conta.

Material: Dicionário, papel e lápis.
Dificuldade: Média/Alta.
Objetivos:
→ Conhecer o vocabulário próprio da idade.
→ Usar a imaginação, a inteligência e a memória.
→ Descobrir palavras novas com a ajuda do dicionário.

O JOGO

Em quatro passos, a partir da palavra GOTA, troque apenas uma letra por vez, sem repetir a posição da letra trocada, encontrando novas palavras que também possuam significado, até chegar à palavra RARO. Em seguida, faça o mesmo, mas, neste segundo caso, você deve passar de GOTA a BELO.

G	O	T	A
R	A	R	O

G	O	T	A
B	E	L	O

Dica: Tanto faz começar de cima para baixo como de baixo para cima. Às vezes, pode ser mais fácil ir de trás para frente.

Solução: Esta é uma das soluções (há outras):

G	O	T	A
R	O	T	A
R	A	T	A
R	A	T	O
R	A	R	O

G	O	T	A
B	O	T	A
B	O	T	O
B	O	L	O
B	E	L	O

Variações: Os próprios participantes podem propor algumas "mutações" prepardas por eles mesmos.

A chave: Ir testando até encontrar a solução completa. Ter um dicionário à mão pode ser de grande ajuda.

85. | Cidades famosas

Este conhecido jogo consiste em eliminar as vogais dos nomes de cidades famosas e tentar reconhecer quais são os lugares.

Material: Papel e lápis.

Dificuldade: Média.

Objetivos:
→ Reconhecer palavras.
→ Insistir até alcançar os objetivos propostos.
→ Formar palavras: vogais e consoantes.

O JOGO

Foram retiradas as vogais dos nomes de cinco cidades famosas e as consoantes ficaram aglomeradas na mesma ordem em que aparecem nas palavras.

Deve-se tentar identificar essas cidades o mais rápido possível. São elas:

1) BRCLN
2) STCLM
3) VNZ
4) CMBRR
5) WSHNGTN

Dica: Como dica, pode-se dizer o país a que pertencem, algum monumento famoso ou dar qualquer outra informação que ajude a identificá-las.

Solução: 1. Barcelona; 2. Estocolmo; 3. Veneza; 4. Camberra; 5. Washington.

Variações: Pode-se jogar com o nome de personalidades famosas, eliminar as consoantes em vez das vogais etc.

A chave: Não pensar que entre duas consoantes existe necessariamente uma vogal, já que podemos nos deparar com duas consoantes consecutivas ou duas vogais consecutivas. Tentar quantas vezes forem necessárias até encontrar a solução.

86. | Vogal proibida

Jogo excelente para recordar palavras conhecidas e aprender outras novas. Adequado para se jogar em sala de aula, em casa, no carro ou em qualquer outro lugar que se queira.

Material: Papel e lápis. Dicionário.
Dificuldade: Baixa.
Objetivos:
→ Exercitar a memória.
→ Expandir o léxico.
→ Consultar habitualmente o dicionário para sanar dúvidas.

O JOGO

Cada participante tem um papel e um lápis.

Ao sinal, deve escrever 10 palavras que não possuam a letra A e que tenham mais de 4 letras.

Ganha quem as escrever antes ou quem escrever mais palavras em 1 minuto. Não valem plurais nem tempos verbais, com exceção dos infinitivos.

Em caso de dúvida, aquele que comandar o jogo terá um dicionário à mão para possíveis esclarecimentos.

Solução: Tigre, série, tesouro, objeto, violino, divertir etc.

Variações: Pode-se jogar de forma similar variando a vogal que não pode haver nas palavras. Ou então escolhendo um assunto: por exemplo, cidades que não tenham a letra A (Moscou, Toronto etc.).

A chave: Para não se dispersar muito buscando as palavras, pode ajudar escolher assuntos e buscar as palavras por eles (cidades, animais, instrumentos musicais, meios de transporte etc.).

87. | Palavras intermináveis

Desafio de inteligência e imaginação para ser jogado em duplas, no qual se vão construindo palavras letra por letra.

Material: Dicionário (papel e lápis opcionais).
Dificuldade: Média/Alta.
Objetivos:
→ Melhorar a inteligência verbal.
→ Exercitar a memória.
→ Estimular o uso de dicionário para sanar dúvidas.

O JOGO

Joga-se em duplas.

O primeiro jogador diz uma letra, pensando em uma palavra que comece com essa letra.

O segundo jogador acrescenta uma segunda letra, pensando em uma palavra que comece com essa combinação de letras, e assim por diante. Desse modo, cada jogador vai acrescentando uma letra.

Perde quem não souber como prosseguir ou aquele que, ao ser perguntado pelo outro sobre qual palavra formaria com as letras que foram ditas, não consegue responder corretamente. Ou seja, não vale trapacear, fornecendo uma letra qualquer que não dê, de fato, para formar uma palavra que realmente exista.

Para sanar possíveis dúvidas, use o dicionário.

Variações: Pode-se jogar em um grande grupo, por turnos, eliminando quem não consegue seguir em frente ou não pode dizer a palavra que formaria com as letras que foram ditas.

A chave: Procurar terminar uma palavra para deixar o colega sem opções de prosseguir ou armar as letras de modo a continuar seguindo no jogo quando sua vez chegar novamente.

88. | O radar

Dentre os jogos de linguagem, não podemos nos esquecer dos jogos de expressão oral. Com um pouco de imaginação e inteligência, podemos preparar muitos deles e bem variados.

Material: Nenhum.

Dificuldade: Baixa.

Objetivos:
→ Aprender a realizar descrições breves e completas.
→ Realizar jogos verbais de precisão.
→ Manter a ordem e a clareza na expressão oral.

O JOGO

Um jogador deve descrever um objeto que pode ser visto por todos os participantes.

Ele descreve seu formato, cor, uso, de que é feito, tamanho etc.

Os demais jogadores devem adivinhar qual é o objeto que está sendo descrito.

Variações: Pode-se jogar em duplas ou em um grande grupo e em qualquer lugar. Também é possível adivinhar objetos que não estejam ao alcance da visão, complicando, assim, o jogo.

A chave: É imprescindível fazer uma descrição correta, curta e completa do objeto, procurando deixar para o fim suas características mais relevantes, dificultando, portanto, seu reconhecimento.

89. | É proibido

Os alunos devem aprender a se expressar e a falar em público. Por meio deste jogo de expressão oral, eles irão se familiarizando com o ato de falar diante de outras pessoas de um modo espontâneo.

Material: Nenhum.

Dificuldade: Média/Alta.

Objetivos:
- → Aprender a falar em público.
- → Manter a ordem, a clareza e a coerência ao expor um assunto.
- → Produzir mensagens orais: exposições e argumentações.

O JOGO

Os jogadores se apresentam por turnos.

Propõe-se a cada jogador um tema simples sobre o qual ele deve falar durante 1 minuto, de frente para seus colegas e sem interrupções.

Durante sua exposição, é proibido usar as palavras:

MAS e ENTÃO.

Ao terminar sua exposição, aquele que estiver comandando o jogo fará um comentário destacando os pontos positivos da apresentação e também alguma observação que acredite ser mais relevante.

Variações: Pode-se dar alguns minutos de preparação e permitir que o orador utilize um roteiro previamente elaborado. Pode-se também realizar um debate, fazendo com que dois alunos defendam pontos de vista contrários etc.

A chave: Um minuto parece interminável quando temos que discursar sobre algum tema, então, é importante relaxar e falar de forma clara, em voz alta e pausadamente. Seremos mais bem compreendidos e tenderemos a falar menos.

90. | Contograma

Os contos populares dão origem a muitos jogos. Aqui está uma espécie de palavras cruzadas com personagens de contos infantis populares que oculta uma palavra secreta, revelada ao se completar o contograma.

Material: Papel e lápis.
Dificuldade: Baixa.
Objetivos:
→ Conhecer a cultura popular infantil: os contos.
→ Diferenciar as letras que formam uma palavra.
→ Reforçar a memória e a imaginação.

O JOGO

Leia as definições e escreva as respostas, posicionando uma letra em cada casa. Se fizer tudo direitinho, no fim você encontrará uma palavra secreta na coluna destacada.

De cima para baixo, por fileira, as definições, todas elas relacionadas com contos infantis, são as seguintes:

1) Seguiu um coelho branco.
2) Os dentes de sua avó pareciam enormes.
3) Jogava suas tranças.
4) Entalhou um boneco de madeira.
5) É pequenino.
6) Líder dos 7 anões.

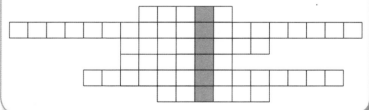

Inteligência e Raciocínio Verbais e Comunicação

Dica: Em relação à palavra secreta, eles são lidos para muitas crianças antes de elas dormirem.

Solução:

					A	L	I	*C*	E					
C	H	A	P	E	U	Z	I	N	H	*O*	V	E	R	M	E	L	H	O
					R	A	P	U	*N*	Z	E	L
					G	E	P	E	*T*	O
		P	E	Q	U	E	N	*O*	P	O	L	E	G	A	R
						M	E	*S*	T	R	E

Variações: Pode-se jogar em duplas ou equipes.

A chave: Se não se tem certeza sobre alguma palavra, solucionar a palavra secreta pode ajudar a encontrá-la, pois com ela obtém-se uma letra de cada definição.

VI

Jogos Mentais e Enigmas

Como trabalhar com os jogos mentais e enigmas

Durante duas temporadas (2008-2009 e 2009-2010) tive a oportunidade de colaborar com o programa El Suplement da Catalunya Ràdio, propondo o que denominávamos de *jogo mental*: aos sábados, na primeira temporada, e aos sábados e domingos, na segunda. O programa gozava de uma boa audiência, com cerca de 150.000 ouvintes, e era transmitido nos fins de semana das 10 às 13 horas.

O *Joc Mental* funcionava da seguinte forma: às 10, depois do boletim informativo, apresentávamos o jogo e a partir daí os ouvintes tinham à sua disposição um número de telefone para o qual podiam ligar para dar a resposta. Lá pelas 10:30, fornecíamos uma dica, que repetíamos após o boletim das 11 e também às 11:30; solucionávamos o jogo logo após o meio-dia.

Os jogos que propúnhamos aos sábados eram sempre sobre temas da atualidade que escolhíamos na quarta-feira anterior ao programa. Para os domingos, reservávamos problemas nos quais os protagonistas eram os próprios membros do programa, incluindo eu mesmo.

Para se ter uma ideia da audiência, basta dizer que algumas vezes a participação do público chegou a quase 300 ligações nas duas horas que durava o jogo. Nessas ligações, obviamente, nem sempre davam a resposta certa, com uma porcentagem de erros oscilando entre 15 e 40% do total, sem contar poucas exceções nas quais o número de erros foi maior ou o fatídico dia em que todos acertaram, comemorado divertidamente pelos meus colegas de programa com um categórico placar: "Ouvintes, 1; Batllori, 0".

O objetivo dos jogos não era outro senão fazer as pessoas pararem um momento para pensar sozinhas ou em família, como muitos faziam, para buscar a solução do enigma apresentado, bem como trazer à baila temas da atualidade e estimular o debate.

O nível dos jogos propostos equivalia à sétima série do ensino fundamental (12-13 anos); uma coisa que ficou evidente é que quando as pessoas erravam era porque não haviam escutado direito o enunciado, já que a porcentagem de acertos aumentava consideravelmente durante a segunda hora do programa, depois de ter sido repetido novamente o enunciado do problema, junto com a dica para ajudar a resolvê-lo.

Às vezes, o jogo proposto parecia simples, mas tinha alguma pegadinha. Então, muitos ouvintes começaram a ficar extremamente desconfiados e, quando era apresentado um jogo que não possuía nenhuma armadilha, sempre havia alguém que se atrapalhava, buscando teimosamente por um suposto detalhe astucioso, chegando a dar respostas as mais fantasiosas possíveis.

Depois de cada programa, fora do estúdio, com calma, eu fazia um balanço do jogo do dia e tratava de averiguar, a partir das respostas fornecidas pelo público, por que alguns ouvintes não haviam respondido corretamente, pois sempre podemos aprender com nossos próprios erros e/ou com os dos outros. E toda essa experiência permitia que eu preparasse os jogos das semanas seguintes, alternando a dificuldade segundo convinha.

Os erros mais comuns entre a ampla variedade de respostas dos ouvintes foram os seguintes:

- Não ter entendido corretamente a informação que era dada.
- Erros de cálculo.
- Equivocar-se na hora de encontrar a solução ao não utilizar as unidades corretas.
- Precipitar-se e não escutar as dicas que eram fornecidas, coisa que nem fazia sentido, já que não importava ser o primeiro ou o último a encontrar a solução correta para ganhar o prêmio sorteado a cada programa entre os que acertavam.
- Uso incorreto das unidades de medida.
- Deixar de reservar um tempo para comprovar a solução.

Embora não fossem contados como erro, também eram frequentes as respostas dos ouvintes nas quais, nervosos, eles se esqueciam de passar seus dados pessoais ou em vez de nos darem seus números de telefone, passavam-nos o do próprio programa, o que acabava desclassificando-os, pois, caso ganhassem o prêmio, não seria possível contatá-los.

Mas de uma coisa eu tenho certeza: a maioria dos ouvintes que participaram do jogo durante esses dois anos melhorou suas capacidades complexas.

A seguir, explicarei com detalhes os 21 jogos que considero mais significativos dentre todos os que foram ao ar, bem como algumas das respostas fornecidas por ouvintes, uma infinidade de situações curiosas que testemunhamos ao longo dos programas e erros cometidos, tanto por eles como por mim mesmo. Afinal, como diz o famoso ditado, "Há três tipos de matemáticos: os que sabem contar e os que não sabem".

91. | A bicicleta da Irene

Começamos esta série de jogos com um desafio aparentemente muito fácil, mas que esconde uma armadilha na qual caiu a maioria das pessoas que tentaram resolvê-lo, e que pode servir como alerta para que você não se precipite na resolução de um problema.

Material: Papel e lápis.

Dificuldade: Baixa.

Objetivos:
→ Aplicar corretamente as unidades de medida.
→ Comprovar a validez dos resultados encontrados contrastando-os com a situação de partida.
→ Não se precipitar ao resolver um problema.

O JOGO

Nossa colega de Coordenação, Irene Blay, vai e volta de bicicleta todo sábado de Sant Pere de Ribes até os estúdios da Catalunya Ràdio, em Barcelona. Vem como um raio a uma velocidade de 30km/h e retorna para casa pelo mesmo caminho a 10km/h, extenuada depois de uma intensa jornada radiofônica.

- Qual é a velocidade média de sua viagem de ida e volta de bicicleta?

Dica: Se você quer saber qual é a distância entre Barcelona e Sant Pere de Ribes, já vou avisando que essa informação não faz diferença alguma. O resultado será o mesmo não importa a distância percorrida, mas, para você não sair dizendo por aí que eu sou um cara mau, digo-lhe que os estúdios da Catalunya Ràdio encontram-se a 40 quilômetros de Sant Pere de Ribes. Mas você poderia fazer os cálculos com qualquer outra distância. A resposta será sempre a mesma. E lembre-se de que realizamos os cálculos sobre os percursos de ida e volta.

Solução: Para facilitar os cálculos, consideremos uma distância de 30km.
Na viagem de ida, Irene investirá 1 hora (a 30km/h).
Na viagem de volta, necessitará de 3 horas (a 10km/h).
Para ir e voltar (30 + 30 = 60km), empregará 4 horas (1 + 3).
A velocidade média será de 60/4 = 15km/h.

A chave: Quase 80% dos ouvintes se precipitaram e deram a mesma resposta errada (20km/h), por deixarem-se levar pelas aparências e não pararem para realizar os cálculos pertinentes.

Anedota: Uma pessoa nos fez rir muito ao dizer que nossa colega Irene, de tanto camelar de lá para cá na magrela, devia estar "sarada" como a Madonna.
Um outro ouvinte deu a solução de 144km/h, o que mostra como estava sem noção – não havia compreendido nem um pouco as informações com as quais estava lidando, pois se ela vai a 30km/h e volta a 10km/h, essa solução é inconcebível.

92. | Mudança de horário

Na noite do último domingo de outubro acontecia o ajuste do horário de verão na Europa, o que nos levava a dormir uma hora a mais. Isso nos permitiu realizar um jogo com uma pegadinha na qual caiu a maioria dos ouvintes. Na verdade, a solução do problema por pouco não virou *assunto de Estado*, com boletins informativos noticiando vezes seguidas que ninguém acertara a resposta.

Material: Nenhum.

Dificuldade: Média.

Objetivos:
→ Identificar problemas e elaborar estratégias para resolvê-los mediante processos intuitivos e de raciocínio lógico.
→ Distinguir quais dados são conhecidos e quais fazem falta para a resolução de um problema.
→ Não abandonar a busca pela solução quando a estratégia escolhida a princípio não tiver sido adequada.

O JOGO

Hoje é o dia de Rosa tomar conta de Noa, sua linda neta. Como domingo de manhã ela tem que ir trabalhar e deverá se levantar às 9 da manhã, quer aproveitar a mudança de horário desta noite para dormir um pouquinho mais, portanto, irá para a cama quando seu relógio marcar 20 horas.

Rosa é tão precavida que, para não ter de se levantar para mudar o horário de seu moderno despertador analógico às 3 da madrugada para ajustá-lo para as 2, trocará a hora de todos os seus relógios às 7 da noite e pronto.

Quando desaba na cama, Rosa dorme como uma pedra.

- Quantas horas ela terá conseguido dormir até que o despertador a avise que tem de levantar para trabalhar?

Dica: Quem acertar tem o direito de continuar dormindo até o dia seguinte. Quem errar deve tomar um cafezinho, ou melhor, dois, porque o dia será longo, muito longo.

Solução: Se ela foi dormir às 20 horas – 8 da noite – e o bendito despertador toca às 9 – da noite, já que é um relógio analógico –, só poderá dormir uma hora, mesmo com a mudança de horário.

A chave: Todos nós conhecemos um relógio analógico – aqueles de ponteiros –, entretanto, a maioria das pessoas não acertará a solução, já que não relacionará as 20 horas com as 8 horas da noite e se atrapalhará em tentar calcular as horas que Rosa dormiu.

93. | Filho caçula

Como no dia 28 de dezembro, celebração do Dia dos Santos Inocentes[4] na Espanha, o programa foi normalmente ao ar, eu preparei um jogo especial para uma data tão importante, com um pequeno trote no qual mais de um caiu.

Material: Nenhum.

Dificuldade: Baixa.

Objetivos:
- → Distinguir quais dados são conhecidos e quais fazem falta para a resolução de um problema.
- → Assumir uma atitude crítica diante da informação que se recebe.
- → Ler ou ouvir com atenção a situação apresentada.

O JOGO

A mãe de Jordi tem cinco filhos:

- O maior se chama Ma;
- O segundo se chama Me;
- O terceiro se chama Mi;
- O quarto se chama Mo.

- Como se chama o filho caçula? Mais fácil que isso, impossível.

Dica: Como é Dia dos Santos Inocentes, o problema envolve uma pequena armadilha. Você a percebe?

Solução: O filho caçula chama-se Jordi e não Mu, já que Jordi é o quinto filho da família.

A chave: Não se precipitar e deter-se por um momento para ler com calma o problema e pensar por alguns segundos.

Anedota: Muita gente reparou na pegadinha, mas alguns se precipitaram e foram logo respondendo "Mu", acrescentando ainda que o desafio "hoje foi mesmo muito fácil"... Nem mesmo advertindo que havia uma armadilha repararam nela.

---

4. Celebração cristã que relembra o evento bíblico conhecido como Massacre dos Inocentes. Na Espanha e nos países de língua espanhola, equivale ao nosso Primeiro de Abril, o dia de pregar peças [N.T.].

94. | As vacas do meu tio

Este é outro jogo também muito fácil que, mesmo assim, contém uma armadilha.

Material: Nenhum.

Dificuldade: Baixa.

Objetivos:
→ Ler ou ouvir com atenção a situação apresentada.
→ Distinguir quais dados são conhecidos e quais fazem falta para a resolução de um problema.
→ Não se precipitar ao resolver um problema.

O JOGO

As vacas são os simpáticos animais que nos proporcionam o leite que colocamos no café.

Meu tio Jacinto de Ribeira Cardós tinha 17 vacas, mas vendeu todas menos 9.

- Com quantas vacas meu tio ficou?

Dica: É tão fácil que só falta mesmo que eu lhe diga a resposta.

Solução: Se todas foram vendidas menos 9, então sobraram essas 9 vacas.

A chave: Ler/escutar com atenção para compreender bem o problema antes de pôr-se a resolvê-lo. E não se precipitar ao fazê-lo.

Anedota: Muitos ouvintes caíram na armadilha e responderam que sobravam 8 vacas, pois não esperavam que a solução estivesse no próprio enunciado, precipitaram-se e subtraíram 9 de 17 sem pensar realmente no que estavam fazendo.

Jogos Mentais e Enigmas

95. | Trabalhando com números

Às vezes, os enunciados são complicados, tanto para quem deve redigi-los com precisão milimétrica, como para quem os lê ou escuta, pois as nuances são vitais para encontrar a resposta correta.

Material: Papel e lápis.

Dificuldade: Baixa.

Objetivos:
→ Ler ou ouvir com atenção a situação apresentada.
→ Realizar cálculos precisos, mentalmente e por escrito.
→ Não se precipitar ao resolver um problema.

O JOGO

Como você se sai com os números? Certamente melhor do que alguns de nós.

Hoje pediremos apenas que nos diga:

- Qual é o maior número que podemos obter ao somar dois números diferentes de dois algarismos cada um?

Dica: Cuidado, não se precipite! Você deve somar dois números diferentes de dois algarismos.

Solução: Para obter o maior número possível ao somar dois números distintos de dois algarismos, eles devem ser o 99 e o 98, portanto, a resposta é 99 + 98 = 197.

A chave: A correta compreensão do enunciado que, mesmo estando completamente correto, pode nos induzir a erros se não o lemos com muita atenção.

Anedota: Houve quem respondesse 183 (96 + 87), ao interpretar que todos os algarismos tinham de ser diferentes. Mas alguns disseram 17 (9 + 8), ao pensarem que a solução tinha de ser com dois algarismos, somando-os de um só; e há ainda quem respondeu 100, uma solução para a qual até hoje busco por uma explicação lógica.

96. | Limonada aguada

Acostumados a lidar com números, quando o assunto é porcentagens frequentemente fazemos confusão. Então, convém refrescar a memória sobre esse tema.

Material: Papel e lápis.

Dificuldade: Média.

Objetivos:
→ Realizar cálculos precisos com porcentagens, mentalmente e por escrito.
→ Distinguir a informação útil ou pertinente da não pertinente para a resolução do problema.
→ Comprovar a validez dos resultados encontrados.

O JOGO

Outro dia comprei na barraquinha da esquina um litro de limonada que continha exatamente 80% de água, conforme indicava a embalagem.

Ao chegar em casa, estava com tanta sede que bebi meio litro.

- Que porcentagem de água bebi com a limonada?

Dica: Um coisa são as porcentagens e outra, os valores absolutos.

Solução: Seja lá qual for a quantidade de limonada que vá beber, a porcentagem de água ingerida será sempre de 80%.

A chave: A porcentagem de água não varia seja tomando meio litro de limonada ou o litro todo.

Anedota: Metade dos ouvintes errou, respondendo 40% (a metade de 80%, ao considerarem que, por ser meio litro, a porcentagem também se reduziria à metade), ou até mesmo 50%. Pelo que sei, esse tipo de erro também é muito comum entre os estudantes universitários de Química.

97. | Os velhos tempos de escola

Para se resolver corretamente um problema é preciso não apenas entender o enunciado, como também seguir uma estratégia para alcançar a solução. Para isso, muitas vezes se faz necessário um pequeno esquema ou desenho da situação apresentada.

Material: Papel e lápis.

Dificuldade: Média.

Objetivos:
→ Traduzir o enunciado para a linguagem matemática (abordagem).
→ Reduzir problemas complexos a outros, mais simples, por meio de desenhos e esquemas que facilitem sua compreensão e resolução.
→ Comprovar a real viabilidade das soluções, dado o contexto da situação apresentada.

O JOGO

Lembro-me que, muitos anos atrás, para entrarmos na sala de aula na escola, formávamos uma fila e o fazíamos em silêncio e em ordem.

Eu era o vigésimo da fila, contando do início, e o quinto a partir do fim.

- Quantos alunos tinham na minha classe?

Dica: Fazer um desenho ajudará a esclarecer qualquer dúvida que possa surgir.

Solução: Se eu era o número 20 a partir do começo, quer dizer que havia 19 alunos na minha frente.
Se era o quinto partindo do fim, significa que tinha quatro colegas atrás de mim.
Assim, no total, éramos 19 + 4 + 1 (eu mesmo) = 24 alunos.

A chave: Fazer um desenho simples ou esquema para compreender bem o problema. E, como sempre, comprovar a solução retornando ao enunciado do jogo.

Anedota: Esperava que alguém metesse os pés pelas mãos, mas, para minha surpresa, todo mundo encontrou a resposta correta. Foi a primeira vez que isso aconteceu no programa – um dia "histórico", ou, como disseram de brincadeira meus colegas para me provocar: "Ouvintes, 1; Batllori, 0".

98. | Treinamento olímpico

Existem jogos de cálculo muito variados e que incidem sobre aspectos muito diferentes da matemática. Entretanto, algumas regras básicas valem para todos. E uma delas é a comprovação de que o resultado bate perfeitamente com os requisitos do enunciado.

Material: Papel e lápis.

Dificuldade: Média/Baixa.

Objetivos:
→ Identificar problemas e elaborar estratégias para resolvê-los mediante processos intuitivos e de raciocínio lógico.
→ Buscar por diversas estratégias para encontrar a solução para um problema.
→ Comprovar a real viabilidade das soluções, dado o contexto da situação apresentada.

O JOGO

Maria e Sara treinam para uma competição dando voltas na pista do estádio olímpico. Maria leva exatos 3 minutos para dar uma volta completa na pista, enquanto que Sara demora 4 minutos para fazer o mesmo.

Se as duas garotas começam a correr juntas da linha de partida:

- Quantos minutos elas levarão para se encontrar novamente na linha de partida?

Dica: Contar nos dedos é uma solução à qual sempre podemos recorrer, ou seja, calculando volta por volta que é dada até descobrir quando as duas atletas se encontram.

Solução: Elas voltarão a se encontrar na linha de partida (ou linha de chegada, tanto faz) dentro de exatos 12 minutos, que será quando Maria completará sua quarta volta, enquanto que Sara terá então terminado de completar sua terceira volta na pista.

A chave: Deve-se buscar o mínimo múltiplo comum (mmc) de 4 e 3, que é 4 × 3 = 12.

Anedota: Algumas das respostas equivocadas (6 e 9 minutos) demonstram que os ouvintes que as deram não haviam se dado ao trabalho de confrontar a solução pelo próprio enunciado. Um ouvinte se confundiu e respondeu 12 *voltas*, ou por estar nervoso com a ligação ou por não estar atento ao que foi perguntado.

99. | Um montão de moedas

Pode parecer bobagem, mas o fato de propor problemas com objetos cotidianos ou situações com as quais estamos familiarizados contribui muito para sua resolução, já que estamos em nosso próprio território e perdemos o medo que envolve, por exemplo, trabalhar com letras ao invés de números.

Material: Papel e lápis.

Dificuldade: Média/Baixa.

Objetivos:
→ Distinguir quais dados são conhecidos e quais fazem falta para a resolução de um problema.
→ Esquematizar a resolução de situações problemáticas.
→ Aplicar corretamente expressões numéricas que facilitem a resolução de um problema.

O JOGO

Quim leva um montão de moedas e notas em seu bolso. No total, tem 201 moedas e notas.

Se um terço do que possui são moedas de 1 euro, outro terço são notas de 5 euros e o restante são notas de 10 euros:

- Quantos euros Quim leva no bolso?

Dica: Calcule passo a passo quanto dinheiro há por cada tipo de moedas e notas e não se esqueça de somar tudo no fim.

Solução: Quim tem:
  $201/3 = 67$ moedas de 1 euro, o que dá 67 euros.
  $201/3 = 67$ notas de 5 euros, o que dá $67 \times 5 = 335$ euros.
  $201/3 = 67$ notas de 10 euros, o que dá $67 \times 10 = 670$ euros.
  No total, ele leva no bolso $67 + 335 + 670 = 1.072$ euros.

A chave: Fica claro que ele carrega um terço de cada tipo de valor, portanto, resta apenas calcular a quantia em dinheiro que leva em moedas de 1 euro e em notas de 5 e 10 euros, e somar tudo.

Anedota: Não sei bem por que, mas, para fazer uma brincadeira, ocorreu-me dedicar este jogo a Quim Bonet, um dos coordenadores do programa. Fez tanto sucesso que tivemos a ideia de dedicar os jogos dos domingos a membros do programa, incluindo a mim mesmo, enquanto que os sábados eram reservados a jogos sobre temas da atualidade.

100. | Iluminação pública

Uma questão que não deve ser menosprezada na hora de preparar jogos matemáticos diz respeito à sua apresentação, que deve ser curta, completa e inequívoca, o que infelizmente nem sempre se consegue. Nesse caso, haverá várias soluções igualmente válidas que satisfazem o enunciado.

Material: Papel e lápis.
Dificuldade: Média/Baixa.
Objetivos:
→ Identificar problemas e elaborar estratégias para resolvê-los mediante processos intuitivos e de raciocínio lógico.
→ Distinguir quais dados são conhecidos e quais fazem falta para a resolução de um problema.
→ Reduzir problemas complexos a outros, mais simples, que facilitem sua compreensão e resolução.

O JOGO

No meu bairro querem iluminar a Rua Maior com postes de iluminação. A Rua Maior, como o próprio nome diz, é a maior do meu bairro, com 5.000 metros de extensão.

Se colocarem um poste a cada 50 metros, do início ao fim da rua:

- De quantos postes de iluminação precisamos para iluminar toda a rua de cima a baixo?

Dica: Fazer um esquema ou desenho o ajudará a resolver este jogo.

Solução: 101 postes de iluminação, já que seriam 5.000/50 = 100 postes, além daquele que colocamos no início de todos.

A chave: Reside no poste que colocamos no início de todos, do qual não podemos nos esquecer. Com um desenho, isso dificilmente acontecerá.

Anedota: Um ouvinte respondeu 202 postes de iluminação, presumindo que iriam instalar um poste de frente para o outro de cada lado da calçada, uma resposta que não pode ser considerada incorreta, já que não contraria em nada o enunciado tal como foi apresentado. Outros ouvintes não consideraram o poste de iluminação do início e responderam 100. Houve até quem eliminou o fim da rua e respondeu 99 postes.

101. | O bolo do feriado nacional

No dia 12 de setembro de 2009, iniciávamos a segunda temporada do programa e, como no dia anterior havia sido comemorado o Dia Nacional da Catalunha, decidimos dedicar o jogo ao feriado, aproveitando a recepção oficial que havia sido feita ao ar livre, fazendo piada sobre seus custos em tempos de crise.

Material: Papel e lápis.

Dificuldade: Média.

Objetivos:
→ Identificar problemas e elaborar estratégias para resolvê-los mediante processos intuitivos e de raciocínio lógico.
→ Abordar situações problemáticas empregando e resolvendo equações.
→ Comprovar a validez dos resultados encontrados contrastando-os com a situação de partida.

O JOGO

Com essa crise e para celebrar o Dia Nacional da Catalunha sem desperdiçar dinheiro, ontem o governo da Catalunha encomendou apenas um bolo de morango, que sortearam entre todos os convidados para a celebração oficial do evento.

Para não gastar muito, pediram que o bolo pesasse exatamente um terço de um quilo mais um terço de seu próprio peso.

- Afinal, quanto pesava o bolo?

Dica: É o mesmo que dizer que o bolo pesa um terço de seu peso mais um terço de um quilo.

Solução: Se apresentamos o problema em forma de equação, temos:
$(1/3) + (x/3) = x$, onde x é o peso do bolo.
Desenvolvendo a equação, temos:
$1 + x = 3x$, portanto,
$1 = 2x$ e, por fim,
$x = 0,5$kg.
O bolo pesa meio quilo.

A chave: Compreender o enunciado e não fazer confusão com a parte que diz "um terço de um quilo mais um terço de seu próprio peso".

Anedota: Recebemos respostas muito distantes da correta, como 25,3kg ou 344,4g, mas a que mais nos chamou a atenção sem dúvida foi a de um ouvinte que disse que o bolo pesava 75kg... porque havia escutado isso nos noticiários da TV!

102. | Pau Gasol no Eurobasket

Em setembro de 2009, a seleção espanhola de basquete vencia com brilhantismo o Eurobasket, na Polônia, e quisemos render-lhes uma homenagem por meio de um jogo. Eis o resultado.

Material: Papel e lápis.

Dificuldade: Média/Baixa.

Objetivos:
→ Ler ou ouvir atentamente o enunciado para compreender e identificar as questões apresentadas.
→ Identificar problemas e elaborar estratégias para resolvê-los mediante processos intuitivos e de raciocínio lógico.
→ Realizar cálculos matemáticos simples.

O JOGO

Hoje jogaremos um pouco de basquete, só que sem bola e em casa.

Como você já deve saber, no fim de semana passado Pau Gasol e seus companheiros da seleção espanhola venceram o Eurobasket da Polônia ao ganharem da Sérvia por um placar de 85 a 63.

Segundo nosso correspondente na Polônia, Pau Gasol marcou sozinho um quinto dos pontos totais da Espanha mais um. Seu irmão Marc também fez bonito, pois marcou um terço dos pontos que fizera seu irmão.

- Não se preocupe que não pediremos que nos diga qual era o segundo sobrenome da tia do árbitro principal da partida. Queremos apenas saber quantos pontos os irmãos Gasol marcaram juntos.

Dica: O jogo de hoje é tão fácil que diremos apenas que calcular primeiro os pontos que Pau marcou, depois os de Marc e então somá-los, já será o suficiente. E, acima de tudo, não deixar de realizar esse último passo.

Solução: Pau marcou (85 / 5) + 1 = 17 + 1 = 18 pontos.
Marc marcou 18 / 3 = 6 pontos.
Os dois irmãos marcaram juntos 18 + 6 = 24 pontos.

A chave: Embora pareça bobagem, prestar atenção na dica e não se esquecer do que está sendo perguntado.

Anedota: Tivemos respostas variadas (21, 37) e até gente que se esqueceu de somar as quantidades, apesar da advertência de que o fizessem. Além disso, todas as informações eram completamente reais, então quem não quisesse esquentar a cabeça realizando cálculos já tinha o bastante para procurar na internet as informações da partida.

103. O pobre banqueiro se aposenta

Como no fim de 2009, em plena crise, veio à tona na Espanha um escândalo monumental em que se descobriu que um conhecido banqueiro estava se aposentando com uma pensão astronômica, aproveitamos a comoção causada pela notícia para que os ouvintes quantificassem em detalhes quanto esse indivíduo iria receber. Assim, o jogo incluía também uma crítica social.

Material: Papel e lápis.

Dificuldade: Média/Baixa.

Objetivos:
→ Ler e entender a situação apresentada.
→ Identificar problemas e elaborar estratégias para resolvê-los mediante processos intuitivos e de raciocínio lógico.
→ Realizar cálculos matemáticos simples.

O JOGO

Se o diretor-executivo de um banco hipotético se aposenta e supostamente passa a receber uma pensão cujo montante total é de exatamente meros 53 milhõezinhos de euros, por quanto tempo um casal de mileuristas* teria que trabalhar para ganhar tanto dinheiro quanto esse pobre senhor?

Sejamos otimistas e presumamos que o marido e a mulher trabalhem, que recebem exatamente os mil euros por mês líquidos, sem nenhum desconto ou qualquer despesa extra, e que nenhum dos dois ficará desempregado ao longo de todos esses anos, o que, por si só, já é uma suposição um tanto improvável.

Queremos a solução em anos ou, se você preferir, em meses.

* Termo cunhado para se referir aos indivíduos nascidos na Europa entre 1968 e 1982, e cujos salários giram em torno de mil euros [N.T.].

Dica: Depois de realizar os cálculos pertinentes, tente não se aborrecer muito quando encontrar a resposta.

Solução: O casal recebe 2 × 1.000 = 2.000 euros por mês.
Para ganharem tanto quanto o banqueiro, eles precisariam de 53.000.000/2.000 = 26.500 meses.
E isso, em anos, são apenas 26.500/12 = 2.208,3 anos, isto é, 2.208 anos e 4 meses.
Ou seja, se esse incansável casal tivesse começado a trabalhar no ano 0 de nossa era, ainda lhes faltariam cerca de 199 anos de trabalho para equiparar-se à pensão vitalícia do banqueiro.

A chave: Não se equivocar ao exprimir os anos com números decimais em anos e meses.

Anedota: Esse dia bateu o recorde de ligações, com gente que, além de dar o resultado, expressava ainda sua opinião. Uma resposta curiosa foi a de 2 anos e 2 meses, com o seguinte comentário: "E me sobram 1.000 euros que nem sei como aplicar...". Quem me dera um casal de mileuristas pudesse ganhar essa quantia trabalhando pouco mais de dois anos, hein?

104. | O enigma de Mercè

Às vezes, um problema muito fácil pode se tornar difícil se não damos a devida atenção ao enunciado ou nos apressamos para chegar o mais rápido possível à solução.

Material: Papel e lápis.

Dificuldade: Média/Baixa.

Objetivos:
→ Ler ou ouvir atentamente o enunciado para compreender e identificar as questões apresentadas.
→ Realizar cálculos matemáticos simples.
→ Comprovar a validez dos resultados encontrados contrastando-os com a situação de partida.

O JOGO

Nesta terça-feira, uma das nossas parceiras da Produção, Mercè Rigual, chegou ao programa pensativa. Perguntamos o que havia acontecido e ela nos disse que uma conversa que escutara na porta de um colégio não lhe saía da cabeça.

Explicou que ficara intrigada ao ouvir uma menina dizer à outra:

- Quando eu fizer 12 anos, minha irmã Marta terá 5 anos mais do que tinha há dois anos.

Mercè, que devido ao seu trabalho precisa estar muito bem-informada sobre tudo e sobre todos, pediu nossa ajuda para descobrir quantos anos tem a enigmática menina e nós passamos a bola pra você.

Dica: Hoje você pode colocar a carroça na frente dos bois. E, quando chegar à resposta, confira se está correta voltando ao enunciado do jogo para ver se tudo bate.

Solução: Estamos falando da idade da menina dentro de 5 − 2 = 3 anos.
Se dentro de 3 anos ela terá 12 anos, agora tem 12 − 3 = 9 anos.

A chave: Compreender bem o enunciado e comparar a resposta com o próprio enunciado. Não se importe em voltar para ler o jogo até ter certeza de que capturou sua essência.

Anedota: Até a metade do programa, muito pouca gente havia respondido, mas, quando repetimos o enunciado, choveram respostas. Apesar disso, a porcentagem de respostas erradas foi muito elevada (44%) e elas também foram bastante variadas: 2, 5, 10, 11 e 15.

105. | A aposta de Núria

Este jogo foi dedicado à diretora e apresentadora do programa, Núria Ferré, e demonstrou o poder do rádio e sua capacidade de criar situações equívocas, como aconteceu com a transmissão de Orson Welles de *A guerra dos mundos*.

Material: Papel e lápis.

Dificuldade: Média.

Objetivos:
→ Traduzir o enunciado para a linguagem matemática (abordagem).
→ Reduzir o problema por meio de sua decomposição ou de sua particularização.
→ Comprovar a real viabilidade das soluções, dado o contexto da situação apresentada.

O JOGO

Este ano, Núria Ferré, com os cinco colegas da Coordenação e Redação do programa, organizaram uma loteria esportiva. Por turnos, a cada semana uma pessoa diferente faz uma aposta e os prêmios são repartidos da seguinte forma:

- Se recebem mais de 300 euros, aquele que fez a aposta fica com metade do prêmio e o restante é repartido entre seus colegas.
- Se recebem 300 euros ou menos, aquele que fez a aposta não fica com nada e todo o prêmio é repartido entre seus colegas.

No fim de semana passado, Núria fez uma aposta e acertou 13 resultados. (Por incrível que pareça, errou o jogo do Barça.)

Se cada colega de Núria recebeu 80 euros da sua parte do prêmio, qual foi o valor do prêmio?

Dica: Se cada colega de Núria recebeu 80 euros, procure saber se o prêmio total é inferior ou superior a 300 euros.

Solução: Se cada colega de Núria recebeu 80 euros, entre os 5 receberam 80 × 5 = 400 euros, quantia por si só superior aos 300 euros. Portanto, Núria embolsou uma quantia igual à que ganharam seus 5 colegas juntos, que foi de 80 × 5 = 400 euros. Então, ao todo, receberam 400 + 400 = 800 euros. Outra questão é saber se Núria merece esse prêmio depois de ter errado o jogo do Barça[5].

A chave: Descobrir em qual das duas hipóteses nos situamos, o que não é difícil. Em seguida, é só realizar os cálculos de acordo com as regras de tal prêmio.

---
4. Trata-se de uma piadinha do autor, que, obviamente, é um torcedor fanático do Barcelona [N.T.].

106. | O aniversário de Rosa

Os próximos seis jogos correspondem à Grande Final dos Jogos Mentais da Catalunya Ràdio (2010). Cinco duplas participaram. Este era o primeiro jogo e com ele eliminavam-se duas das duplas participantes. Esses primeiros jogos incluíam uma repetição do enunciado e uma dica, e o tempo para a resposta era de cerca de 45 minutos (por causa da dinâmica do programa, não porque fosse o tempo necessário para resolvê-los).

Material: Papel e lápis.
Dificuldade: Média/Baixa.
Objetivos:
→ Ler atentamente o enunciado para compreender e identificar as questões apresentadas.
→ Aplicar e calcular expressões numéricas e algébricas em problemas concretos.
→ Abordar situações problemáticas empregando e resolvendo equações.

O JOGO

Há alguns dias, Rosa completou 30 anos. Para comemorar, convidou suas amigas para curtirem a noite em uma boate. E, à meia-noite, pediu taças de champanhe para fazerem um brinde.

Se metade de suas amigas torce para o Barça, um quarto para o Espanyol, um oitavo para o Madri, uma para o Súria e outra para o Cardona:

- Quantos euros foram necessários para pagar por todas as taças de champanhe se cada uma custava 3,50 euros?

Dica: Um brinde a Rosa, que está pagando tudo!

Solução: Rosa convidou 16 amigas ($x/2 + x/4 + x/8 + 1 + 1 = x$). Então, 17 foram à boate (Rosa e suas 16 amigas). As taças de champanhe custaram $17 \times 3,50 = 59,50$ euros.

A chave: Incluir Rosa nos cálculos na hora de pagar pelas taças de champanhe.

Anedota: Ninguém acertou de primeira, mas, ao se repetir o problema e fornecer a dica, todos mudaram adequadamente sua resposta.

107. | Cruzeiro pelo Mediterrâneo

No segundo jogo da final, tínhamos de eliminar uma das três duplas que restavam no jogo. Este problema era bem mais complexo do que o anterior, o que possibilitaria a eliminação de uma dupla.

Material: Papel e lápis.

Dificuldade: Média/Alta.

Objetivos:
→ Identificar problemas e elaborar estratégias para resolvê-los mediante processos intuitivos e de raciocínio lógico.
→ Obter e selecionar a informação, e tratá-la de forma independente e crítica.
→ Implementar técnicas de recontagem de possibilidades.

O JOGO

Há alguns dias, uma tia minha fez um cruzeiro pelo Mediterrâneo, de Barcelona a Roma, e voltou para casa de avião.

Todos os dias do ano um cruzeiro sai de Barcelona e vai até Roma e outro faz o caminho contrário, de Roma até Barcelona, no mesmo horário. Se o cruzeiro dura uma semana, pergunta-se:

- Com quantos cruzeiros minha tia cruzou durante sua viagem a Roma?

Dica: Por parecer um jogo fácil pode acabar gerando confusão, portanto, com papel e lápis, desenhe o trajeto dos cruzeiros e sua movimentação.

Solução: Bem, 7 é que não são. Embora durante a viagem, de fato, partam 7 navios de Roma até Barcelona que se encontrarão com o cruzeiro de minha tia, temos que levar em consideração que, quando o navio parte de Barcelona, 6 cruzeiros já estão em alto-mar viajando de Roma a Barcelona, pois sai um navio por dia e a travessia dura uma semana.
Portanto, ela irá se encontrar com os 6 cruzeiros que, no momento de sua partida, já estão a caminho de Barcelona, mais aquele que nesse momento está ancorado em Roma, e mais os 6 que estão a caminho de Roma e que devem retornar à capital catalã.
No total, 6 + 1 + 6 = 13 navios se encontrarão com o de minha tia.

A chave: Visualizar o problema, sendo imprescindível para isso fazer um desenho ou esquema, ver o que acontece, quantos navios há e como eles se movimentam.

Anedota: Desta vez, a solução teve de ser explicada com detalhes, porque a plateia que estava no estúdio não estava entendendo nada. Na verdade, apenas uma dupla forneceu a resposta correta, então foi necessário realizar um jogo de desempate para repescar a outra dupla para a rodada final.

108. | Presta atenção!

Este foi o jogo que serviu de desempate para as duplas perdedoras do anterior. Um jogo breve, sem dica e com uma pegadinha.

Material: Papel e lápis.

Dificuldade: Média/Baixa.

Objetivos:
- → Obter e selecionar a informação, e tratá-la de forma independente e crítica.
- → Distinguir quais dados são conhecidos e quais fazem falta para a resolução de um problema.
- → Assumir uma atitude crítica diante da informação que se recebe.

O JOGO

Esta é uma prova de velocidade, então, não fique nervoso e escute com bastante atenção.

O jogo diz o seguinte:

Para uma pessoa cega, surda e muda,

- Quantos sentidos lhe restam e quais são eles?

Dica: Como era um jogo de desempate, não fornecemos dica alguma nem repetimos o enunciado.

Solução: A pessoa perdeu a visão e a audição, portanto, restam-lhe 3 sentidos: o tato, o paladar e o olfato. Falar não é um sentido.

A chave: Não se precipitar e cair na armadilha de pensar que lhe restam apenas dois sentidos. Aqui, jogava-se com o nervosismo e a pressa dos concorrentes, pois quem acertasse primeiro passaria à rodada final de jogos.

Anedota: Fruto do nervosismo, as duas duplas disputantes erraram a princípio, mas uma delas se deu conta de seu erro e teve tempo de trocar a resposta antes do término do prazo para anunciar o resultado correto. Tínhamos enfim a dupla finalista que nos faltava.

109. | Barcelona está em obras

Os próximos três jogos constituíram a rodada final. A dupla que mais acertasse ganhava uma viagem para o Futuroscope (Poitiers, França). Não importava quem resolvesse primeiro o problema. Ah, sim! Agora só dispunham de 10 minutos para solucionar cada jogo.

Material: Papel e lápis.

Dificuldade: Média.

Objetivos:
→ Esquematizar a resolução de situações problemáticas.
→ Aplicar modelos geométricos para a interpretação de situações reais.
→ Assumir uma atitude crítica diante da informação que se recebe.

O JOGO

Falemos agora de buracos e obras na cidade de Barcelona, que estão na moda nesta época do ano.

Se um operário necessita de 8 dias para fazer um buraco de 8 metros de comprimento por 8 metros de largura por 8 metros de profundidade, queremos que nos diga,

- Em quanto tempo fará um buraco de 4 metros de comprimento por 4 metros de largura por 4 metros de profundidade, presumindo que trabalhe sempre no mesmo ritmo?

Dica: Ainda que não tenha sido fornecida, poderia ser a seguinte: lembre-se de que o operário está trabalhando com três dimensões.

Solução: Ao fazer o primeiro buraco, remove $8 \times 8 \times 8 = 512$ metros cúbicos de terra em 8 dias. Para fazer o segundo buraco, terá de remover $4 \times 4 \times 4 = 64$ metros cúbicos de terra. Utilizando a regra de três, chegamos a $512x = 64 \times 8$. Então, $x = 64 \times 8 / 512 = 1$ dia. Portanto, levará apenas um dia para fazer o segundo buraco.

A chave: Perceber que trabalhar com volumes e superfícies não é a mesma coisa.

Anedota: As duas duplas deram a resposta correta em muito pouco tempo e com direito a desenhos explicativos.

110. Os salários dos jogadores de futebol

O jogo a seguir, além de não ser complicado, é divertido. Sua principal dificuldade reside em conseguir anotar corretamente todos os dados do enunciado, ouvindo-os apenas uma vez.

Material: Papel e lápis.
Dificuldade: Média.
Objetivos:
→ Obter e selecionar a informação, e tratá-la de forma independente e crítica.
→ Encontrar relações entre os dados obtidos.
→ Estimular a perseverança e a flexibilidade na busca por soluções para as situações apresentadas.

O JOGO

Se 2 jogadores do Espanyol recebem o mesmo que 20 jogadores do Girona; 20 jogadores do Súria, o mesmo que um jogador do Girona; e 4 jogadores do Barça, o mesmo que 10 do Espanyol, quantos jogadores do Súria poderiam ser pagos com o salário de 12 jogadores do Barça?

Dica: Não foi fornecida dica, mas poderia ser a seguinte: ir buscando as equivalências entre os salários dos jogadores dos diferentes times até emparelhar os salários dos jogadores do Súria e do Barça.

Solução:
Com os dados iniciais, realizamos as seguintes equações (E, Espanyol; G, Girona; S, Súria; B, Barça):
$$2E = 20G$$
$$20S = 1G$$
$$4B = 10E$$
Juntando a primeira e a segunda equações e multiplicando por 20, temos:
$$2E = 20G$$
$$400S = 20G$$
daí, obtemos $200S = 1E$.
Juntando essa equação com a terceira, temos:
$$4B = 2.000S$$
isto é, $1B = 500S$
Como queremos saber quantos jogadores do Súria receberiam como 12 do Barça, multiplicamos $500 \times 12 = 6.000$.
Seis mil jogadores do Súria receberiam o mesmo que 12 do Barça.

A chave: Anotar os dados direitinho, aplicar as equações e ir trabalhando com elas até chegar ao resultado final.

Anedota: Uma das duplas errou o problema ao confundir-se na hora de registrar os dados iniciais e não anotá-los de maneira correta.

111. | Gonzalo dá uma de canguru

Este era o último jogo da final, a menos que houvesse um empate, caso em que havíamos preparado um par de desafios rápidos para decidir a dupla vencedora, mas não foi necessário usá-los.

Material: Papel e lápis.

Dificuldade: Média/Baixa.

Objetivos:
→ Realizar cálculos precisos e aproximados, mentalmente e por escrito.
→ Usar corretamente as unidades de medida.
→ Comprovar a validez dos resultados encontrados contrastando-os com a situação de partida.

O JOGO

Gonzalo é muito ligado nos esportes e gosta de praticar atletismo. Esse rapaz consegue saltar 20 centímetros com a perna direita, 40 centímetros com a esquerda e 70 centímetros quando salta com as duas pernas juntas.

- Qual é a menor quantidade de saltos que ele deve realizar para avançar, em pulinhos, exatos 100 metros?

Dica: Não foi fornecida dica, mas poderia ser a seguinte: lembrar-se que pedimos o menor número de pulos que ele deve realizar para chegar a saltar exatamente 100 metros. Não pode passar nem um milímetro.

Solução: Como o salto mais longo que ele pode dar é de 70cm com as duas pernas, dividimos 100 metros por 0,7m:
100 / 0,7 = 142,857. Ou seja, dará 142 saltos com as duas pernas juntas. E saltando assim chegará até 142 × 0,7 = 99,4 metros.
Entretanto, faltam 60cm para chegar aos 100m, que completará com um salto com a perna esquerda (40cm) e outro com a direita (20cm). Assim, 99,4 + 0,4 + 0,2 = 100 metros exatos. Ele precisará de um total de 142 + 1 + 1 = 144 saltos.

A chave: Não se confundir ao trabalhar com metros e centímetros, bem como considerar que a maneira mais rápida de alcançar o resultado, ou seja, com o menor número de saltos, é usar ao máximo o salto mais longo, isto é, o de 70cm, que é o que o atleta atinge com as duas pernas juntas.

Anedota: As duas duplas acertaram a solução sem problemas, porém, já tínhamos nossos vencedores: a dupla formada por Montse e Urko, um jovem casal de Igualada (Barcelona) que estava acompanhado de sua filhinha de poucos meses de idade. Eles comemoraram a vitória e o prêmio conquistado, a viagem ao Futuroscope, com um beijo cinematográfico.

CULTURAL

Administração
Antropologia
Biografias
Comunicação
Dinâmicas e Jogos
Ecologia e Meio Ambiente
Educação e Pedagogia
Filosofia
História
Letras e Literatura
Obras de referência
Política
Psicologia
Saúde e Nutrição
Serviço Social e Trabalho
Sociologia

CATEQUÉTICO PASTORAL

Catequese
Geral
Crisma
Primeira Eucaristia

Pastoral
Geral
Sacramental
Familiar
Social
Ensino Religioso Escolar

TEOLÓGICO ESPIRITUAL

Biografias
Devocionários
Espiritualidade e Mística
Espiritualidade Mariana
Franciscanismo
Autoconhecimento
Liturgia
Obras de referência
Sagrada Escritura e Livros Apócrifos

Teologia
Bíblica
Histórica
Prática
Sistemática

REVISTAS

Concilium
Estudos Bíblicos
Grande Sinal
REB (Revista Eclesiástica Brasileira)
SEDOC (Serviço de Documentação)

VOZES NOBILIS

Uma linha editorial especial, com importantes autores, alto valor agregado e qualidade superior.

VOZES DE BOLSO

Obras clássicas de Ciências Humanas em formato de bolso.

PRODUTOS SAZONAIS

Folhinha do Sagrado Coração de Jesus
Calendário de Mesa do Sagrado Coração de Jesus
Agenda do Sagrado Coração de Jesus
Almanaque Santo Antônio
Agendinha
Diário Vozes
Meditações para o dia a dia
Guia Litúrgico

CADASTRE-SE
www.vozes.com.br

EDITORA VOZES LTDA.
Rua Frei Luís, 100 – Centro – Cep 25689-900 – Petrópolis, RJ
Tel.: (24) 2233-9000 – Fax: (24) 2231-4676 – E-mail: vendas@vozes.com.br

UNIDADES NO BRASIL: Belo Horizonte, MG – Brasília, DF – Campinas, SP – Cuiabá, MT
Curitiba, PR – Florianópolis, SC – Fortaleza, CE – Goiânia, GO – Juiz de Fora, MG
Manaus, AM – Petrópolis, RJ – Porto Alegre, RS – Recife, PE – Rio de Janeiro, RJ
Salvador, BA – São Paulo, SP